办公室轻健身

○ 冯强 编著

人民邮电出版社

北 京

图书在版编目（CIP）数据

办公室轻健身 / 冯强编著. -- 北京 ：人民邮电出
版社，2022.8
ISBN 978-7-115-55800-8

Ⅰ．①办… Ⅱ．①冯… Ⅲ．①健身运动－基本知识
Ⅳ．①G883

中国版本图书馆CIP数据核字(2020)第268122号

免责声明

本书内容旨在为大众提供有用的信息。所有材料（包括文本、图形和图像）仅供参考，不能替代医疗诊断、建议、治疗或来自专业人士的意见。所有读者在需要医疗或其他专业协助时，均应向专业的医疗保健机构或医生进行咨询。作者和出版商都已尽可能确保本书技术上的准确性以及合理性，并特别声明，不会承担由于使用本出版物中的材料而遭受的任何损伤所直接或间接产生的与个人或团体相关的一切责任、损失或风险。

内 容 提 要

对于办公室久坐人群来说，本书是一本不可多得的健身指南！本书讲解了久坐人群常见的姿势与体态问题，介绍了针对全身6大部位肌群的徒手动作练习，帮助久坐人群在狭小的空间里舒缓全身，高效减脂塑形。此外，本书还提供了预防和缓解肩部、颈部、腰背部疼痛的训练方案，让你远离久坐的危害，重塑健康的体姿。

- ◆ 编　　著　冯　强
　　责任编辑　李　璇
　　责任印制　周昇亮
- ◆ 人民邮电出版社出版发行　　北京市丰台区成寿寺路 11 号
　　邮编　100164　　电子邮件　315@ptpress.com.cn
　　网址　https://www.ptpress.com.cn
　　三河市君旺印务有限公司印刷
- ◆ 开本：700×1000　1/16
　　印张：8.25　　　　　　　　　2022 年 8 月第 1 版
　　字数：126 千字　　　　　　 2025 年 7 月河北第 8 次印刷

定价：39.80 元

读者服务热线：(010)81055296　印装质量热线：(010)81055316
反盗版热线：(010)81055315

本书视频使用说明

本书提供部分动作的在线视频，您可通过微信"扫一扫"，扫描书中的二维码进行观看。

步骤1： 点击微信界面右上角的"+"，弹出功能菜单

步骤2： 点击弹出的功能菜单上的"扫一扫"进入功能界面

步骤3： 对准书中二维码进行扫描

打开微信"扫一扫"

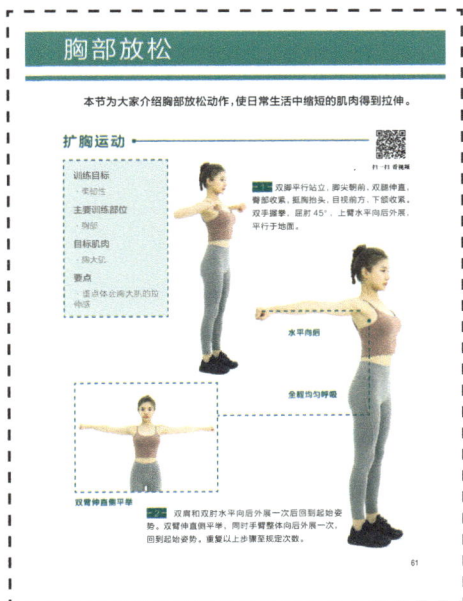

通过微信"扫一扫"扫描书中二维码即可观看

- 如果您已关注微信公众号"人邮体育"，扫描后可直接观看该动作对应的在线视频。
- 如果您未关注微信公众号"人邮体育"，扫描后会出现"人邮体育"的二维码。请根据说明关注"人邮体育"，并点击"资源详情"，即可观看视频。

目 录

CONTENTS

第四章　胸部放松

第五章　腰背舒缓

第六章　臀部塑形

第七章　腿部强化

附录

第 一 章

姿势决定健康

正确姿势

在生活中保持正确的姿势是维持脊柱健康的方法。学会正确的坐姿、站姿和走姿等，有利于脊柱发挥正常的功能。错误的姿势不但会带来形象外貌问题，还容易增加损伤的风险。本节将介绍几种正确姿势。

正确的坐姿

正确坐姿的标准如下。

·双脚分开，距离与肩同宽；大腿与躯干的角度最好略大于90°（见图1-1左）。

·背部挺直，且最好不要靠在椅背上。

·肩部自然下沉放松。从背面看时，双肩连线和躯干中线垂直（见图1-1右）。

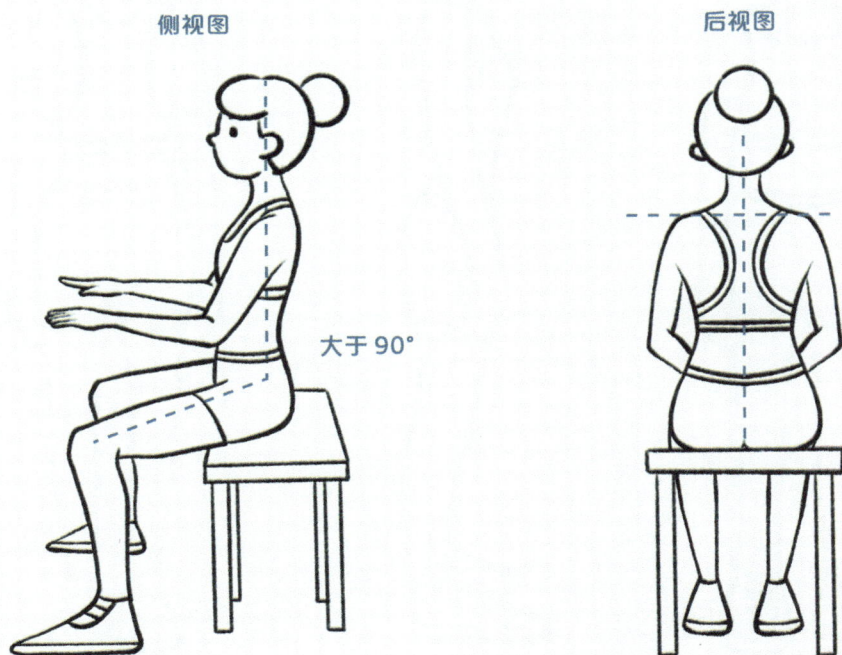

侧视图　　　　　　　　后视图

大于90°

图 1-1

正确的站姿

正确的站姿可从正面、侧面、背面来观察，标准如下。

正面观察

头部端正，没有外斜或扭转的现象，双肩高低齐平，肩部自然下沉放松，双脚保持与臀同宽，脚尖朝前（见图1-2左）。

侧面观察

耳部、肩部、脊柱、膝部、脚踝这几个部位，从上到下可以连成一条线（见图1-2中）。

背面观察

从后颈到臀部中心，再到双脚中间位置的连线，可以形成一条垂直于地面的直线（见图1-2右）。

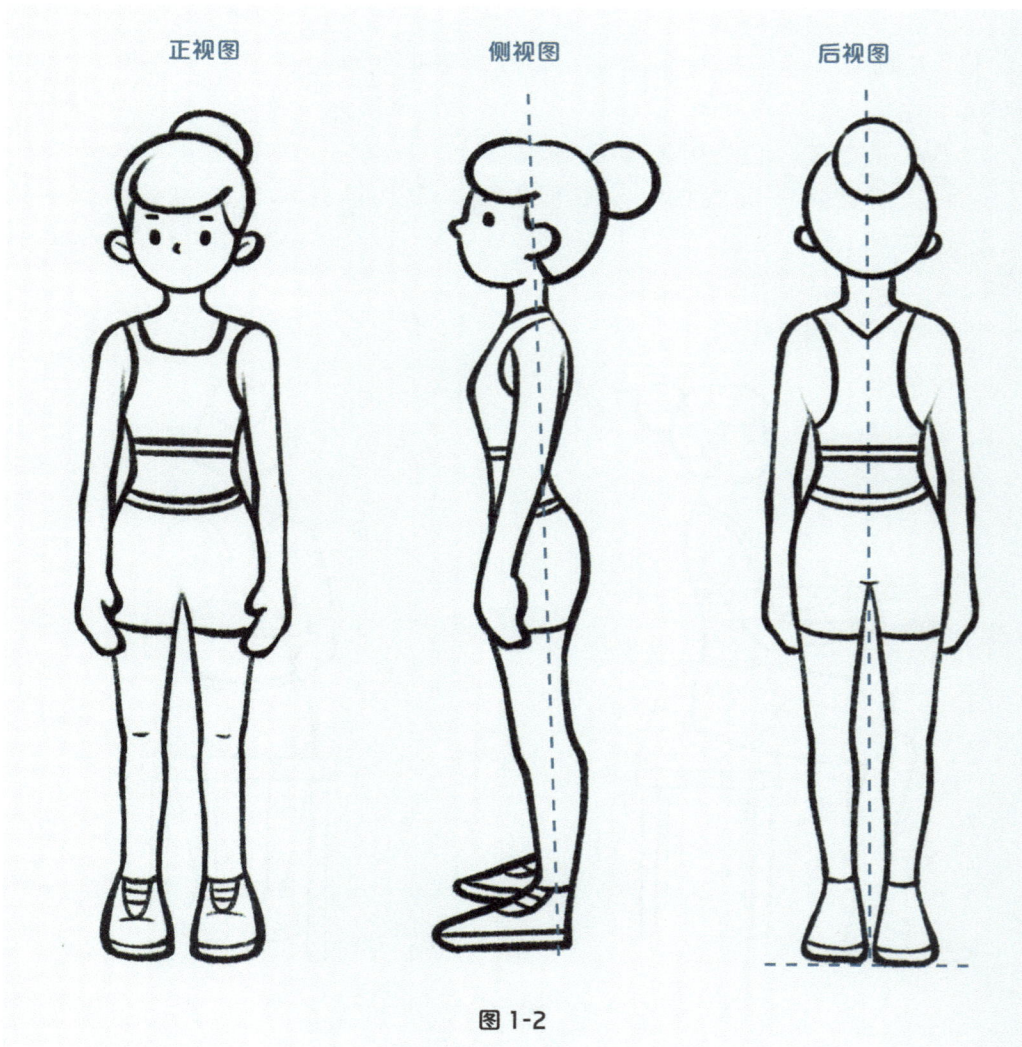

正视图　　　　侧视图　　　　后视图

图 1-2

正确的走姿 •————————————————————————

　　上半身要昂首挺胸，保持挺拔姿势，肩部保持放松，手臂自然前后摆动；下半身保持大腿带动小腿，先脚跟着地再脚尖着地。

　　正确的走姿会使人整体看起来有精神，并且走路很轻松，全身都能得到锻炼（见图 1-3）。

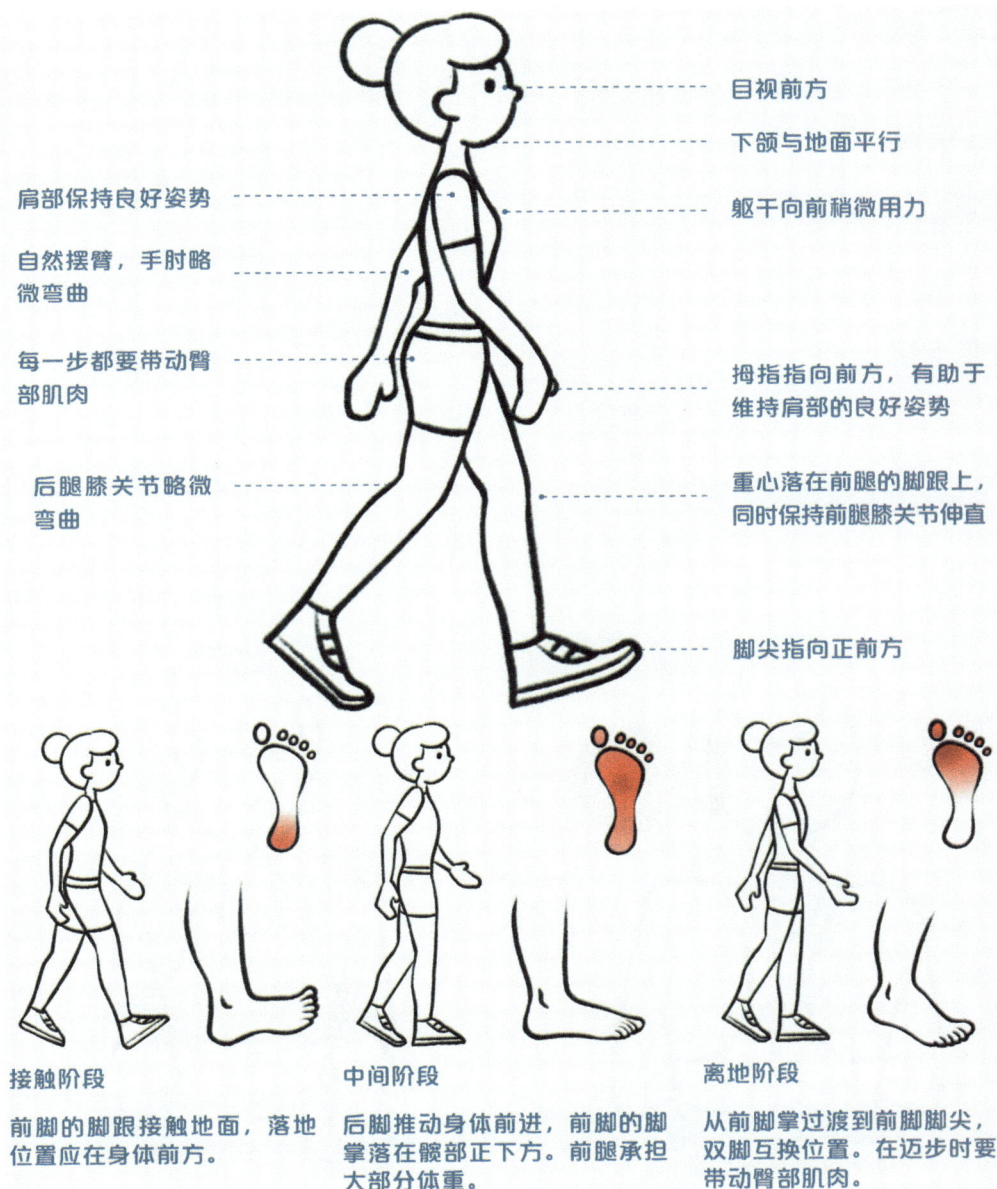

目视前方

下颌与地面平行

肩部保持良好姿势

躯干向前稍微用力

自然摆臂，手肘略微弯曲

每一步都要带动臀部肌肉

拇指指向前方，有助于维持肩部的良好姿势

后腿膝关节略微弯曲

重心落在前腿的脚跟上，同时保持前腿膝关节伸直

脚尖指向正前方

接触阶段

前脚的脚跟接触地面，落地位置应在身体前方。

中间阶段

后脚推动身体前进，前脚的脚掌落在髋部正下方。前腿承担大部分体重。

离地阶段

从前脚掌过渡到前脚脚尖，双脚互换位置。在迈步时要带动臀部肌肉。

图 1-3

错误姿势的危害

　　人体的耐受力非常强，只要保持正确的姿势，身体组织和关节足以使用终生。但是，如果长期保持错误的姿势，我们的身体就会出现含胸驼背、腰酸背痛等问题。

　　了解了错误姿势的危害之后，我们才能理解正确姿势的意义，更重视纠正错误姿势。

错误的坐姿

　　错误的坐姿有多种，都会给身体带来不好的影响，具体分析如下。

双肩上提

　　我们用计算机工作时，若键盘所在的位置较高，双手打字时容易出现双肩向上提起的情况。如果长时间保持双肩上提的姿势，会导致颈部和肩部肌肉一直处于紧绷状态，造成肩颈疼痛（见图 1-4）。

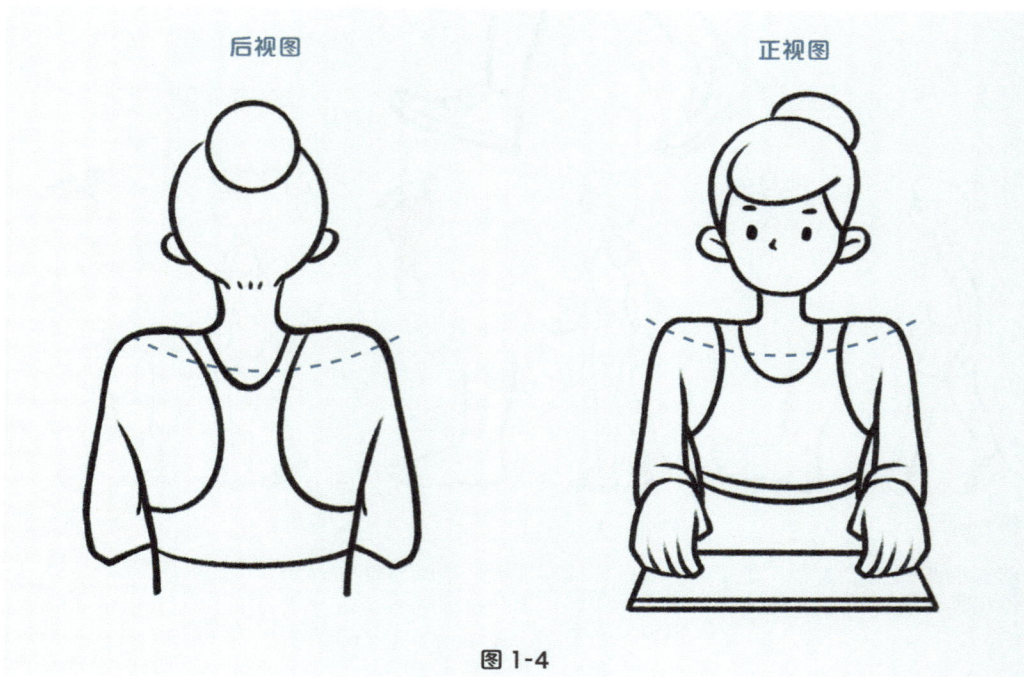

后视图　　　　　　正视图

图 1-4

弯腰驼背

弯腰驼背的坐姿，会使腰背部的椎间盘所承受的压力剧增。长时间处于这种状态，会使我们的肩部、胸部和颈部肌肉变得越来越僵硬，关节活动范围越来越小，脊柱逐渐变形，造成腰背部疼痛，甚至腰椎间盘突出（见图1-5）。

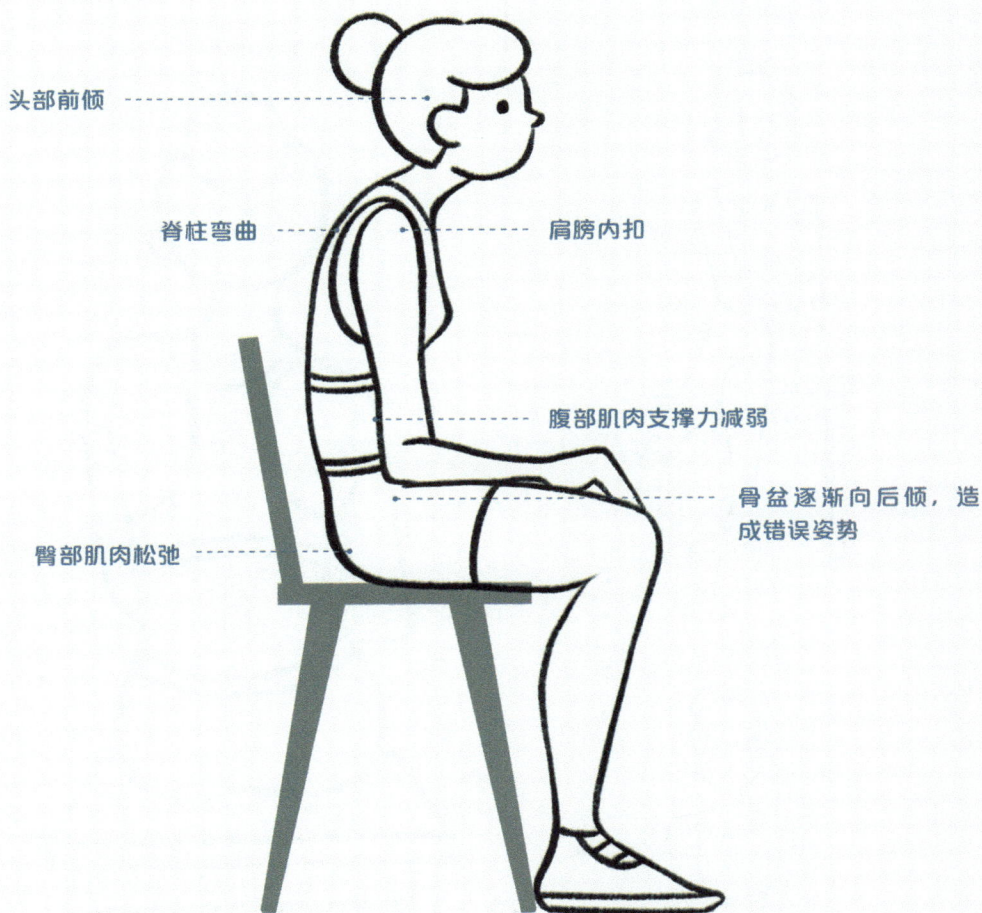

头部前倾

脊柱弯曲 — 肩膀内扣

腹部肌肉支撑力减弱

骨盆逐渐向后倾，造成错误姿势

臀部肌肉松弛

图 1-5

跷二郎腿或双腿交叉

跷二郎腿或双腿交叉，会使上半身处于倾斜状态，为了维持平衡，肌肉不得不产生代偿，导致身体受力不均匀，单侧肌肉过度紧张，甚至产生劳损；脊柱也会长时间歪向一侧，产生非正常生理性弯曲，造成脊柱侧凸等（见图1-6）。

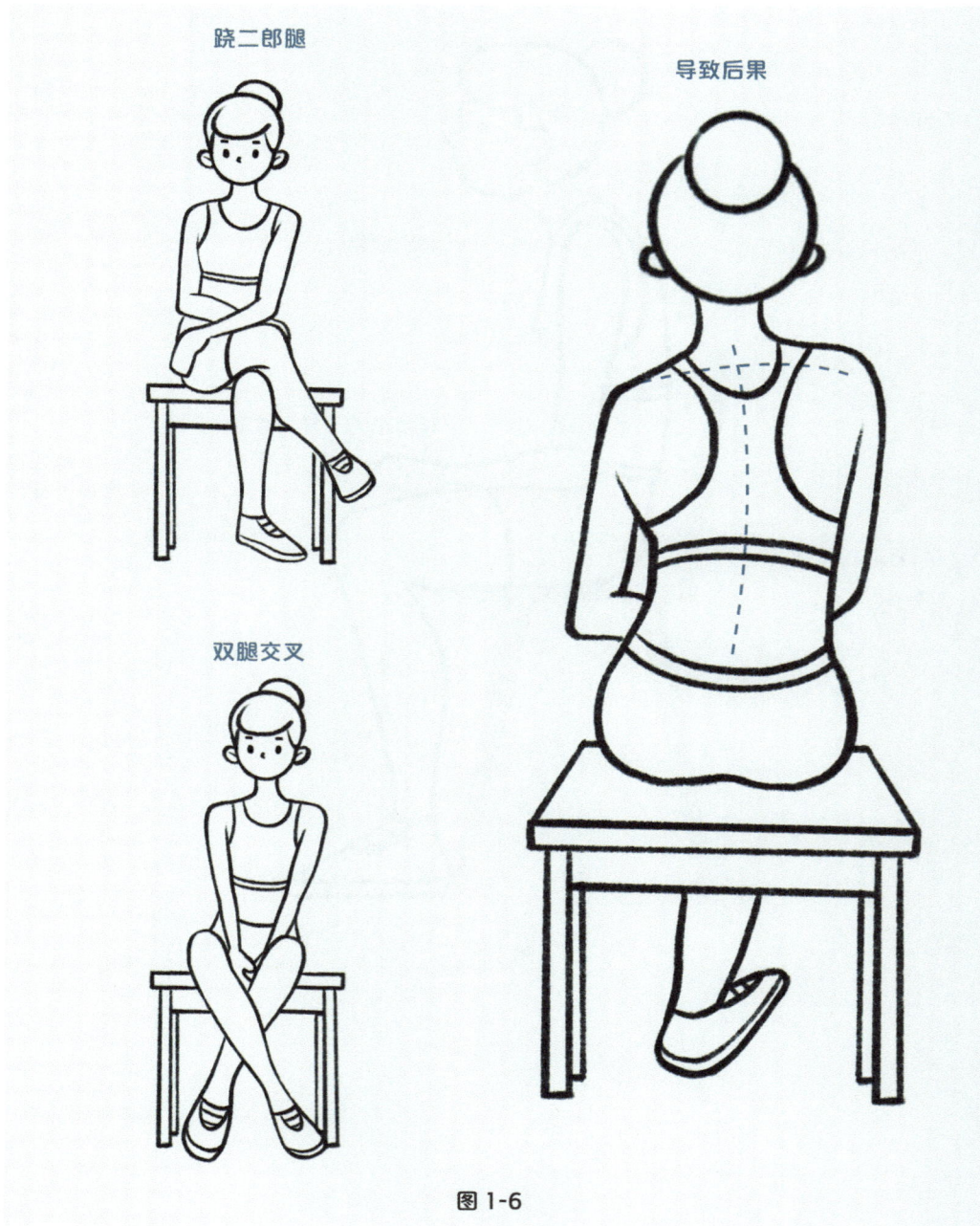

跷二郎腿

双腿交叉

导致后果

图1-6

错误的站姿

常见的错误站姿主要有三种。

重心偏向一侧站立

这种站姿将身体的重心放在一条腿上，身体的垂线也会偏向重心所在腿的一侧，并且偏向身体的后方。长时间维持这种姿势，会增大腰椎的受力，导致腰椎过度弯曲（见图1-7左）。

弯腰驼背

弯腰驼背的站姿，会导致胸椎过度弯曲，颈椎前伸，整个脊柱失去正常的生理性弯曲。身体的重心垂线偏向身体前侧。这样会导致形成头部前伸、圆肩和驼背等身体异常形态，不仅影响美感，更影响健康（见图1-7中）。

经常穿高跟鞋站立

经常穿高跟鞋，会使身体的重心压向脚部的跖骨，加重足前侧的负担，且使身体垂线过度后置。为了达到身体的平衡，腰椎不得不弯曲为合适的弧度，导致腰椎压力增大（见图1-7右）。

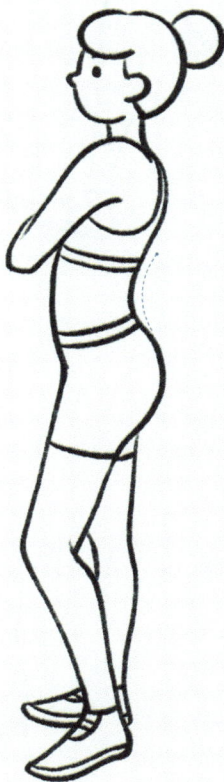
侧视图

侧视图

侧视图

图1-7

错误的走姿

很多人都有自己的行走习惯，如含胸低头、迈步太大或者脚掌拖地等，这些错误的行走姿势会影响身体健康。生活中常见的错误走姿如下。

含胸低头

这种走姿会挤压胸腔，使呼吸变得短促，影响呼吸系统功能，并且容易形成圆肩的体态（见图1-8）。

迈步太大

正常情况下迈大步走路是可以的，但如果步子太大，脚部着地时受到的冲击力比较大，对脚掌、踝关节和膝关节都有较大的刺激，易造成关节损伤。

脚掌拖地

有些人在走路时，脚部没有完全提起，而是在地上拖着脚掌行走。这种走姿降低了足弓的缓冲，造成脚部肌肉劳损，对踝关节、膝关节都会带来一定的冲击。

图1-8

摆臂错误

摆臂错误是指在行走时手臂不自然摆动或摆臂幅度太大。手臂就像我们身体的平衡杆，不摆臂行走，很容易让身体失去平衡而摔跤；摆臂幅度太大，又容易使身体失衡或者造成手臂肌肉拉伤，也是不可取的。

内八字或外八字

内八字是指双脚脚尖向内倾斜，外八字则相反，是双脚脚尖向外倾斜（见图1-9）。这两种走路姿势都会导致小腿肌肉紧张和踝关节活动范围受限等。

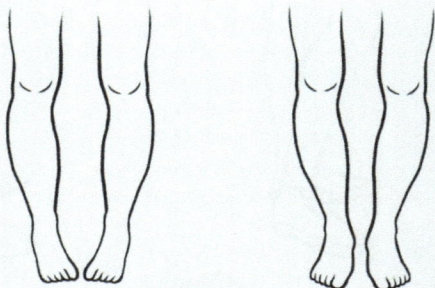

图1-9

正确动作

在生活和工作中，无论是做下蹲还是从低处抬起重物，只要注意使用正确的动作方式，就能保护我们的关节和肌肉，避免出现不适或损伤。

正确的下蹲动作

下蹲是生活中常见的动作，但有时候一个不经意的下蹲就有可能伤到腰部，这是因为下蹲的动作不正确或下蹲过猛。下面就来介绍正确的双腿下蹲动作。

双腿下蹲

下蹲时双腿分开，双脚脚趾指向正前方，踝关节和膝关节保持在一条直线上，双腿合力支撑身体，上半身挺直（见图 1-10）。

图 1-10

正确抬起重物的动作

在日常生活中，从低处捡东西，尤其是捡重物时，使用正确的动作，可以保护腰部。首先臀部后坐、弯曲膝关节，做标准双腿下蹲，使身体重心下降，然后再利用双腿的力量将重物从低处抬起，而不是利用弯曲腰部将重物抬起。整个过程中，保证腰背部挺直，这样不会给腰椎带来很大的压力（见图1-11）。

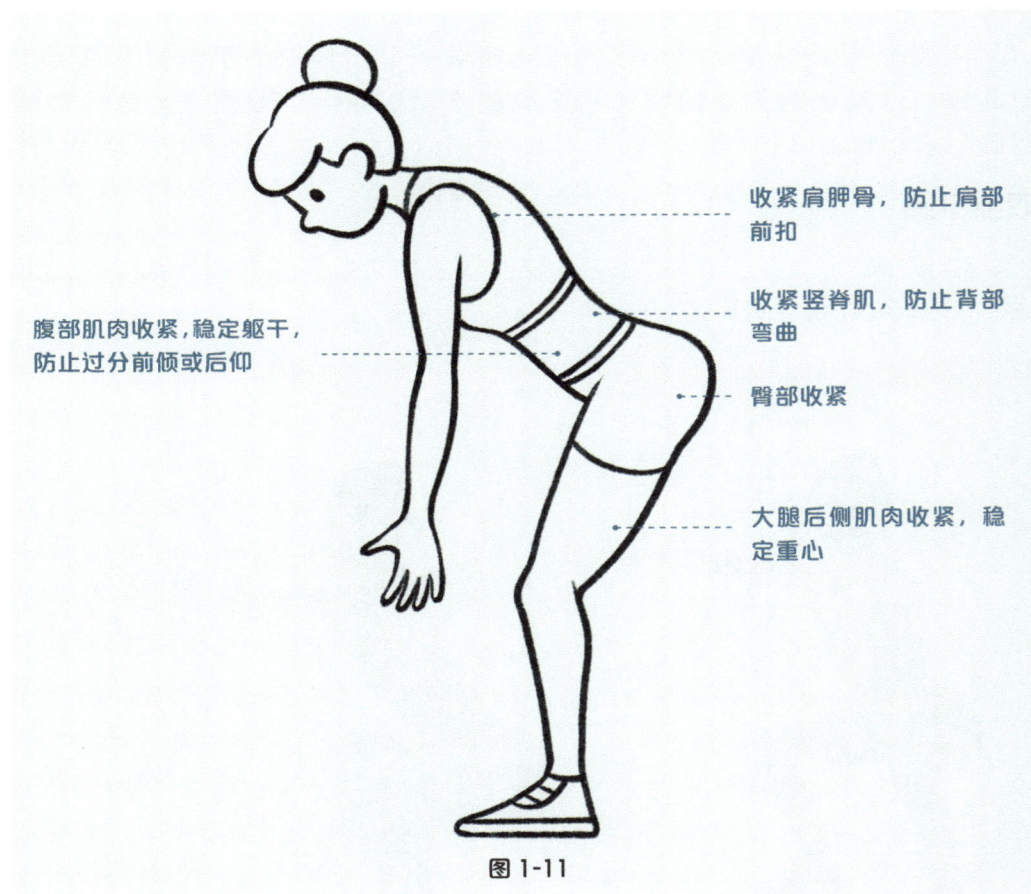

收紧肩胛骨，防止肩部前扣

收紧竖脊肌，防止背部弯曲

臀部收紧

大腿后侧肌肉收紧，稳定重心

腹部肌肉收紧，稳定躯干，防止过分前倾或后仰

图 1-11

优化工位

在办公室工作的人群，每天对着计算机是在所难免的。如果想在这样的工作环境中保持健康，工位优化是必要的。

办公工位分为坐姿工位和站姿工位两种。

坐姿工位

注意以下几点可以让我们在坐姿办公时的舒适度得到提升（见图 1-12）。

座椅

· 坐在座椅上时，膝关节的位置不应高于臀部。

· 座椅的边缘和膝关节后侧之间有两到三个手指的空间。如果座椅边缘抵住了膝关节后侧，须将坐垫后移。

· 合适的座椅高度是坐在上面时，双脚能够着地。

· 如果座椅有腰部靠背，请调节靠背至合适的位置，确保其正对腰椎。

· 调整椅背的倾斜度，让背部不要靠在椅背上，同时又不要距离椅背太远。

使用座椅时，身体离电脑桌的距离要合适，不要向前倾斜趴在桌子上。如有需要，请将座椅向电脑桌移近。

· 如果座椅扶手对动作有所妨碍，可以将其拆下。

· 座椅的底座最好有滚轮装置，方便移动。

电脑桌

· 电脑桌下方空间要充足，方便腿脚的放置和计算机机箱的摆放。

· 避免桌面和桌子下方有杂物，所有电源线路都应加以固定，确保安全。

· 将常用物品摆放在桌面上，以方便取用。

显示器

· 显示器中部的高度应在视平线以下，双眼与显示器中部的连线和视平线的夹角呈 10°~20° 为宜，即看显示器时略呈俯视角度。

· 显示器与眼睛的距离，保持在 70cm 以上，既可以保护视力，又可以降低计算机辐射的影响。

· 显示器的顶部与额头高度大致相同。

· 确保屏幕没有反光。

键盘和鼠标

· 键盘最好放置在座椅的正前方。

· 不要将键盘放置得离身体太近或太远，避免对正确坐姿造成影响。

· 确保键盘没有反光。

· 工作时肘部靠近身体，双臂和肩部放松。

· 前臂与肘部应大致处于同一水平线上。

· 手腕不要内扣，应与前臂保持在一条直线上。

· 用舒服的姿势抓握鼠标，使手腕尽可能与桌面保持平行。

· 抓握鼠标时，应避免手臂和手腕偏斜或过度伸展。

· 避免将肘部或手腕放在表面坚硬的物体上。

· 办公时，手要轻按鼠标，轻敲键盘。

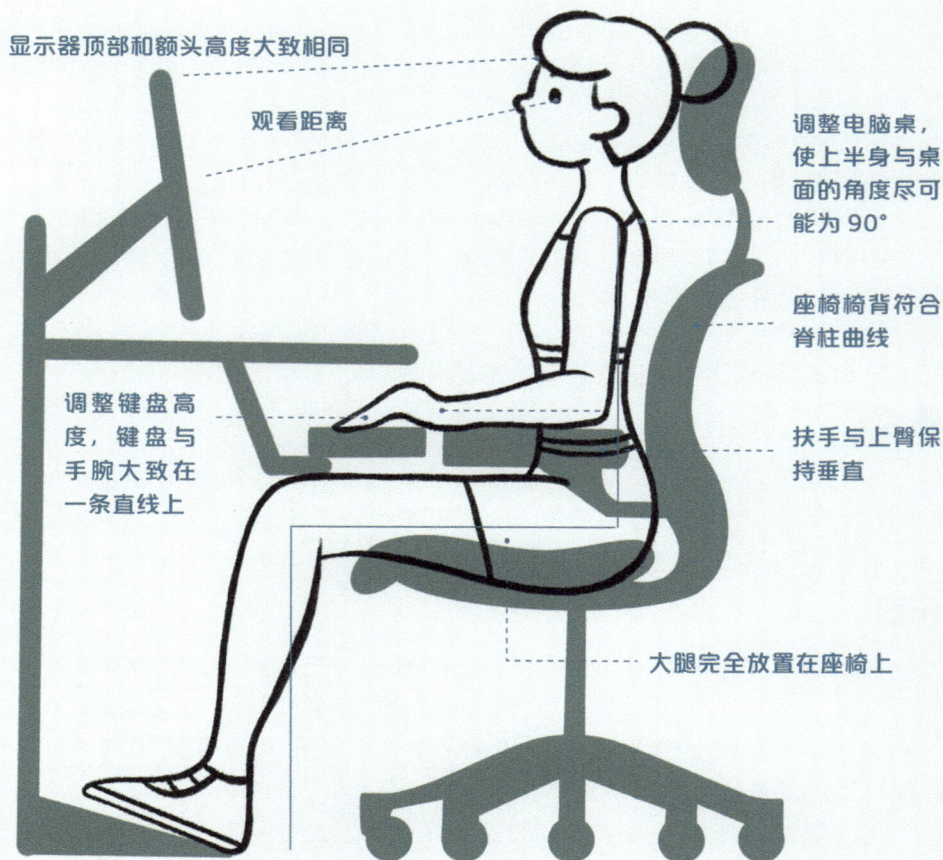

显示器顶部和额头高度大致相同

观看距离

调整电脑桌，使上半身与桌面的角度尽可能为 90°

座椅椅背符合脊柱曲线

调整键盘高度，键盘与手腕大致在一条直线上

扶手与上臂保持垂直

大腿完全放置在座椅上

图 1-12

站姿工位

站姿工位相比坐姿工位的注意事项要少一些，不过它所需的办公设备相对复杂一些（见图1-13和图1-14）。

电脑桌

选用可调节高度的电脑桌，把显示器、键盘和鼠标布置在合适的高度

显示器

显示器高度和位置同坐姿工位

踏板、斜板或横梁

将踏板、斜板或横梁放置在电脑桌下，可以将上缘高度调整到小腿的一半。将脚放在其上，让脚休息放松，减轻脊柱被动承受的一部分压力，更久地保持站姿

鞋子

最佳的选择是赤脚，如果环境不允许，可以选择平底鞋。尽量不要穿高跟鞋或其他对脚约束较大的鞋

图 1-13

显示器

显示器高度和位置同坐姿工位

键盘与鼠标

自然屈肘，让前臂与地面平行，把键盘和鼠标放在手正下方的位置。要保证肘关节和腕关节在同一条水平线上

座椅

座椅的作用主要是让人靠着休息。因此，需要选择质地坚硬、牢靠、不会轻易移动的座椅。可以考虑使用木质或金属材质的高脚凳

地面

如果地面比较坚硬，可以在办公位置的地面铺上软垫或者穿一双略带缓冲功能的鞋；如果在较软的地面上工作，可以穿平底鞋；如果条件允许，建议赤脚

图 1-14

办公室轻健身的必要性

室内办公是如今人们工作的主要方式，久坐更是办公室工作的常态，但是久坐会给人体带来很多伤害。研究机构基于事实研究得出以下结论。

久坐容易造成颈部、腰背部疼痛 ●━━━━━━━━

办公室久坐一族，一般会长时间面对计算机工作，以头部前伸的状态盯着显示器。久而久之，由于颈部肌肉一直保持紧绷，颈椎也长时间处于前伸状态，会造成颈部肌肉酸疼，甚至引发颈椎反弓等颈椎疾病。

另外，人体在坐下时，喜欢翘二郎腿、双腿交叉或者双腿随意摆放，会使骨盆、腰椎的位置偏离正确的生理位置，从而增大腰部骨骼和肌肉的负担，使肌肉长时间处于紧张状态，得不到放松，因此易造成腰背部肌肉和软组织的慢性损伤。

久坐易造成体态异常

　　办公室久坐一族要面对计算机工作，所以最常见的姿势就是脖颈前伸、背部弓起，长时间这样易造成颈部前伸、圆肩、驼背等体态问题。很多人久坐时还喜欢跷二郎腿，久而久之导致臀部受力不匀，脊柱向一侧弯曲，造成脊柱侧凸。

久坐会增加罹患多种疾病的风险

　　久坐会带来疾病隐患，如心血管疾病和呼吸系统疾病。长时间保持坐姿状态，会造成血液流速减慢，血管堵塞，诱发冠心病；久坐时人体的运动量小，呼吸需求量小，肺活量会逐步下降，影响肺功能。

久坐易造成肥胖

　　久坐时下肢基本不活动，身体大多数部位也处于静止状态，新陈代谢会变慢，直接导致的结果就是脂肪堆积、肌肉萎缩，身体更易肥胖。

久坐不利于长寿

　　很多机构经过多方面的研究分析得出一个结论，即久坐不利于长寿。阿尔法·佩特尔（Alpha Patel）带领美国癌症协会的一个团队经分析发现，久坐的群体，在死亡率上高于其他人；澳大利亚昆士兰大学的研究团队也做过相似的分析，分析结果表明年龄在 25 岁以上的人群，每平均多看 1 小时的电视，寿命就会减少 22 分钟。人们需要使自己的身体经常处于活动的状态中才能健康长寿。

　　因此，办公室轻健身对办公室久坐人群来说十分必要，它既可以减少办公室久坐带来的负面影响，又可以提升身体健康水平，提高工作效率，可谓一举多得。

第 二 章

肩颈放松

肩颈肌肉

　　肩部的构造非常复杂，在人体关节中肩关节属于十分灵活的关节，因此肩部肌肉的结构也是十分复杂的。颈部的肌肉几乎都连接着锁骨或肩胛骨，而且和背部、胸部的肌肉联动。接下来我们就来认识一下肩颈肌肉。

正面图

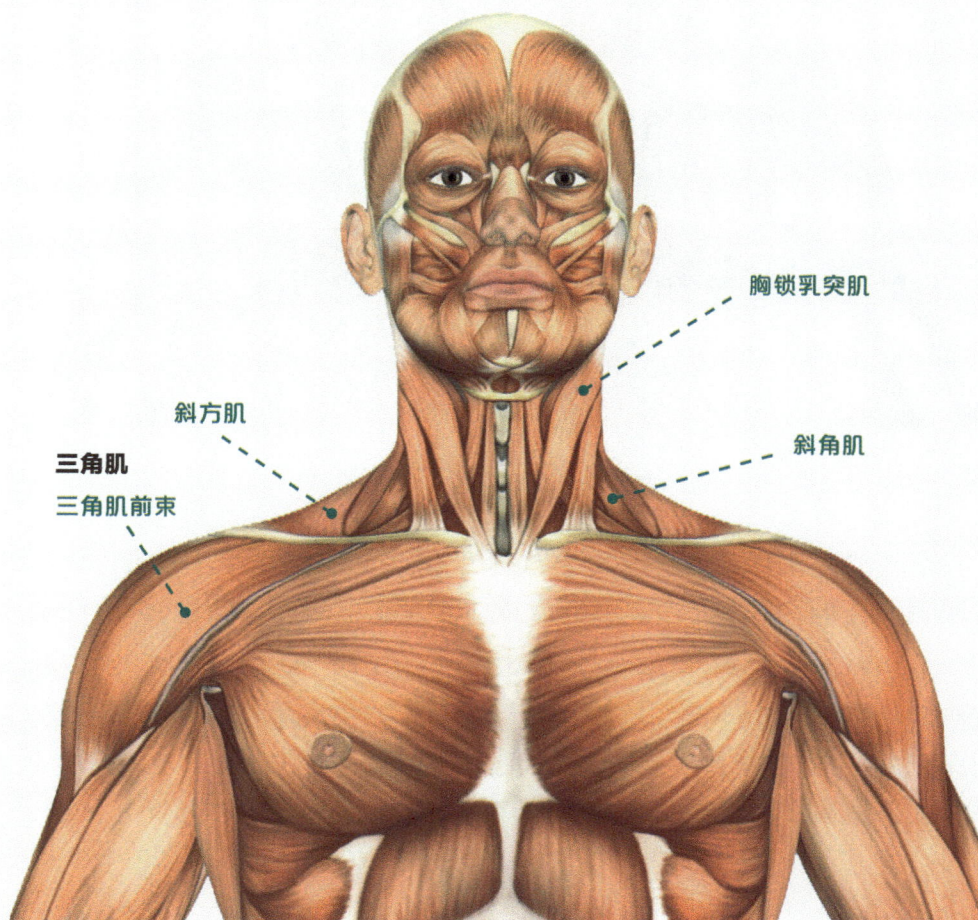

胸锁乳突肌

斜方肌

斜角肌

三角肌

三角肌前束

背面图

半棘肌 *

肩胛提肌 *

斜方肌

冈上肌 *

三角肌

冈下肌 *

小圆肌 *

大圆肌 *

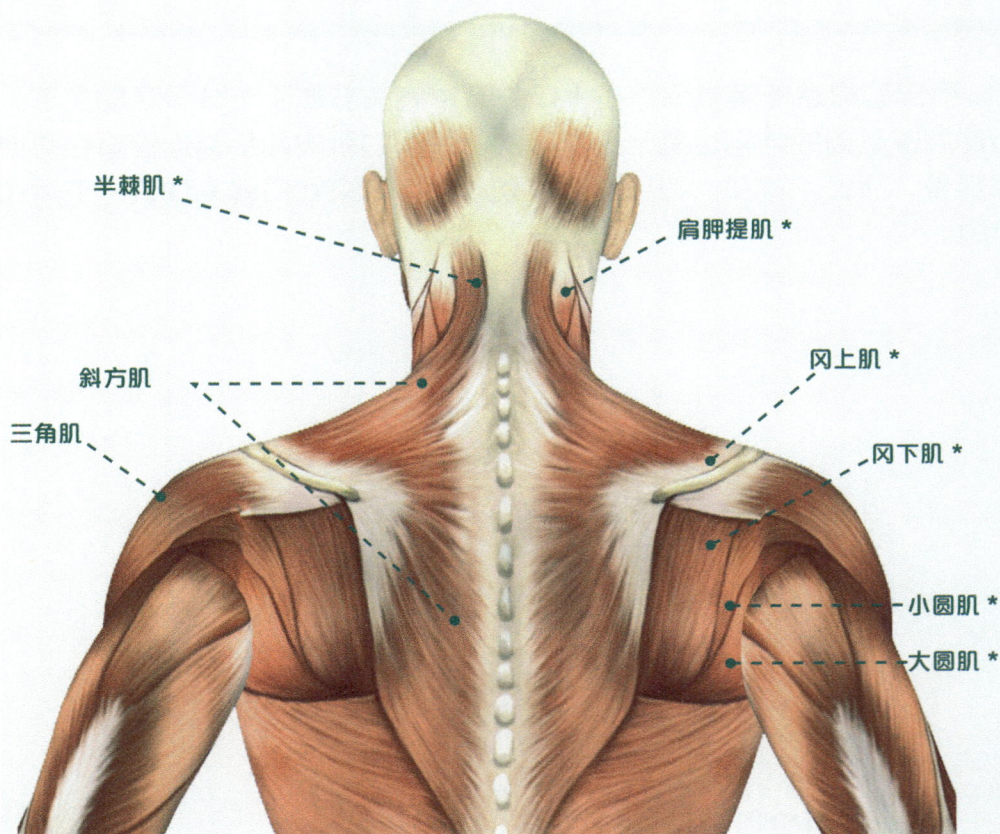

注释：人体肌肉解剖图中深层肌肉加"*"号，余同。

　　肩部的肌肉包括三角肌、冈上肌、冈下肌、大圆肌、小圆肌、肩胛提肌等，主要功能是负责肩关节的屈伸、内收、外展和旋转等运动。

　　颈部肌肉作为保护我们颈椎的重要的组织，包括斜方肌、斜角肌、胸锁乳突肌、半棘肌等。斜方肌呈扁平状，位于人体肩颈部、上背部。斜角肌的主要功能是使颈部前屈和侧屈，以及提升第 1、2 肋骨。胸锁乳突肌的主要功能是使颈部侧屈和旋转。

常见问题：肩颈酸痛

肩颈感到疲劳或不适，往往和身体的姿势有关，此时对疼痛部位的锻炼变得更加重要。下面我们就来看一下造成肩颈酸痛的原因与危害，以及改善方法。

肩颈酸痛的原因与危害

肩颈酸痛通常是由肩颈部长时间处于不良姿势造成的，如耸肩、弯腰驼背或者低头看手机等。这些不良姿势会导致一些肌肉长时间处于收缩、紧绷的状态，得不到放松，从而产生酸痛感。除了酸痛感，这些不良姿势还会带来其他的危害，如头疼、肩部区域疼痛、头部无法轻松转向一侧、手臂或手掌麻木和后脑勺疼痛等。

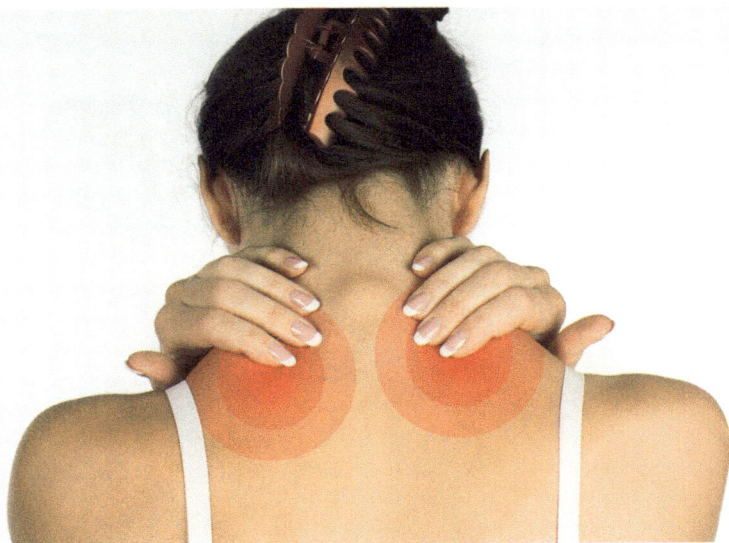

改善方法

如果你已经出现了上述部分症状或者想有效预防，那么针对肩颈部进行拉伸放松是改善疼痛和提高健康水平的有效措施。除了拉伸放松，还可以对肩颈部肌肉进行无器械的力量训练。借助头颈自身的重量进行训练，让肩颈部的肌肉更有力，轻松应对来自外界的压力。

肩颈放松

本节为大家介绍一些关于肩颈放松的动作，方便大家练习。

肩部向前绕环

扫一扫 看视频

训练目标

· 柔韧性

主要训练部位

· 肩部

目标肌肉

· 三角肌、斜方肌

要点

· 画圈幅度越大越好

全程均匀呼吸

1 站姿，双脚开立与肩同宽，腰背挺直，核心收紧，双臂屈肘，双手放松搭在肩上，肘关节向下。

画圈幅度越大越好

2 肩关节外展，然后手臂向前做画圈动作至规定次数。

坐姿颈部拉伸

训练目标

· 柔韧性

主要训练部位

· 颈部、肩部

目标肌肉

· 胸锁乳突肌、斜方肌

要点

· 全程保持背部挺直

1 斜坐在椅子上，身体冠状面与椅背成 45°，靠近椅背一侧的手臂扶住椅背，对侧手臂自然放在同侧腿上，双腿自然分开，双脚平放在地面上，头部面向躯干正前方。

全程均匀呼吸

保持背部挺直

头部向远离椅背的一侧旋转

2 保持背部挺直，头部向远离椅背的一侧旋转 90° 或直至颈部肌肉感受到中等强度的拉伸感，保持姿势至规定时间，然后回到起始姿势。换至对侧重复以上步骤。

31

坐姿斜方肌按摩

扫一扫 看视频

训练目标

· 柔韧性

主要训练部位

· 肩部

目标肌肉

· 斜方肌

要点

· 全程保持背部挺直

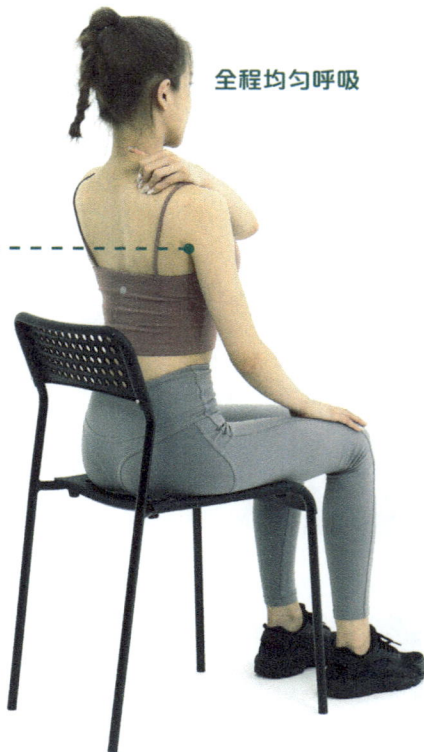

1 身体呈坐姿，目视前方，背部挺直，腹部收紧，双脚踩地，双腿分开与肩同宽，大腿平行于地面并与小腿垂直。一侧手置于对侧肩上，另一侧手放在同侧大腿上。

全程均匀呼吸

按揉肩部肌肉

全程保持背部挺直

2 保持背部挺直，用置于肩上的手以适当的力按揉肩部肌肉至规定时间。换至对侧重复以上步骤。

斜方肌拉伸

扫一扫 看视频

训练目标

· 柔韧性

主要训练部位

· 背部

目标肌肉

· 斜方肌

要点

· 注意保持身体平衡

背部挺直

全程均匀呼吸

—1— 坐于垫上，双腿屈髋屈膝自然放置，背部挺直，双臂伸直放在身体两侧。

被拉伸侧颈部与肩部间肌群有中等强度拉伸感

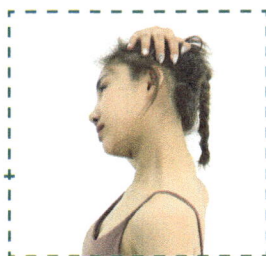

抱住头斜向下压

—2— 一侧手掌放在该侧臀部下方，用臀部压住它，对侧手臂举过头顶并抱头。抱头的手将头部向该侧手臂方向斜向下压，直至被拉伸侧颈部与肩部间肌群有中等强度拉伸感，保持该姿势至规定时间，回到起始姿势。换至对侧重复以上步骤。

坐姿三角肌后束拉伸

扫一扫 看视频

训练目标

· 柔韧性

主要训练部位

· 肩部

目标肌肉

· 三角肌后束

要点

· 全程保持核心收紧，背部挺直

· 拉伸手臂时，身体不能转动

背部挺直

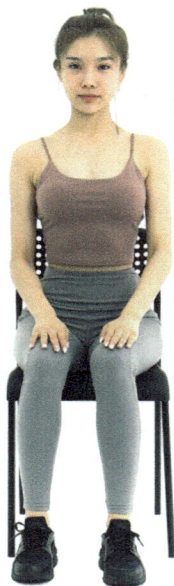

— 1 — 身体呈坐姿，目视前方，背部挺直，腹部收紧，双脚踩地，双腿分开尽量与肩同宽，大腿平行于地面并与小腿垂直，双手放在双膝上。

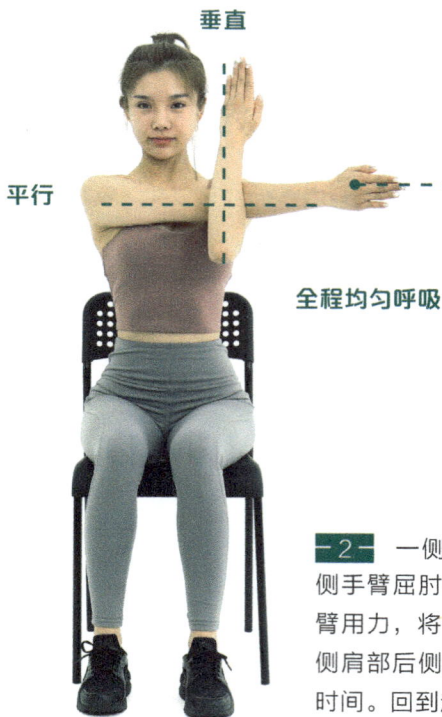

垂直

平行

全程均匀呼吸

挺胸收腹，肩部自然放松，左臂持续发力至右侧肩部有拉伸感

— 2 — 一侧手臂伸直向前举起，然后肩关节水平向内收，对侧手臂屈肘并用肘关节托住伸直侧手臂的肘关节。屈臂侧手臂用力，将伸直侧手臂水平拉向躯干。注意拉伸过程中伸直侧肩部后侧肌肉应有中等强度的拉伸感，保持该姿势至规定时间。回到起始姿势，换至对侧重复以上步骤。

站姿三角肌后束拉伸

扫一扫 看视频

训练目标

· 柔韧性

主要训练部位

· 肩部

目标肌肉

· 三角肌后束

要点

· 全程保持核心收紧，腰背挺直

1 站姿，双脚开立与肩同宽，腰背挺直。一侧手臂伸直平行于地面，对侧手臂弯曲并用肘关节卡住伸直侧手臂的前臂。

全程均匀呼吸

头部转向被拉伸手臂侧

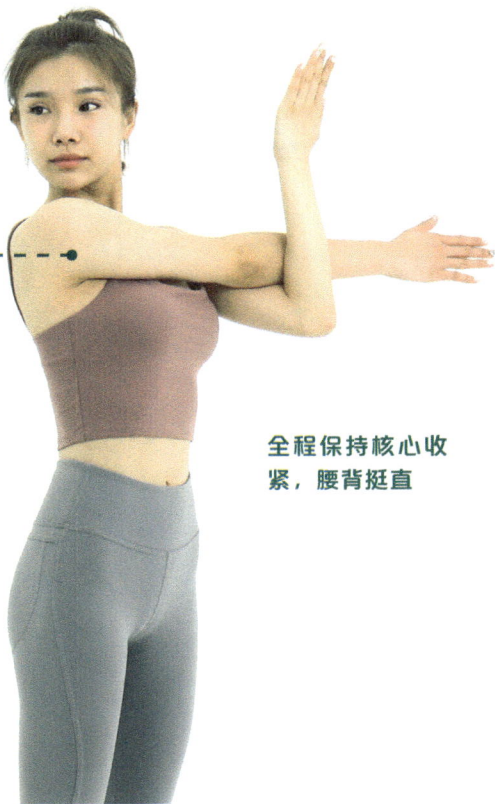

全程保持核心收紧，腰背挺直

2 屈臂侧前臂继续朝躯干方向用力，直至伸直侧手臂肩部外侧肌群有中等强度拉伸感，此过程头部转向被拉伸手臂侧，保持该姿势至规定时间。换至对侧重复以上步骤至规定时间。

肩部强化

本节主要介绍肩部强化动作，有助于增强肩部周围肌群，达到塑形的效果。

坐姿肩外旋 •━━━━━━━━━━━━━━━━

训练目标

· 力量

主要训练部位

· 肩部

目标肌肉

· 冈下肌、小圆肌

要点

· 全程保持背部挺直
· 双臂向身体两侧打开的过程中主动挺胸（后缩肩胛骨），上臂夹紧身体，肩部向后展

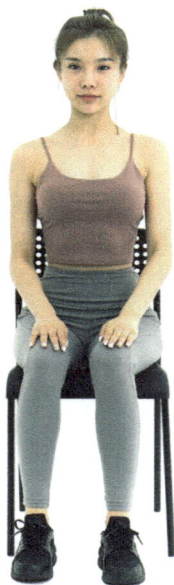

━1━ 身体呈坐姿，目视前方，背部挺直，腹部收紧，双脚踩地，双腿分开尽量与肩同宽，大腿平行于地面并与小腿垂直，双手放在双膝上。

肩部与腋下连接的地方和背部有明显的挤压收缩感

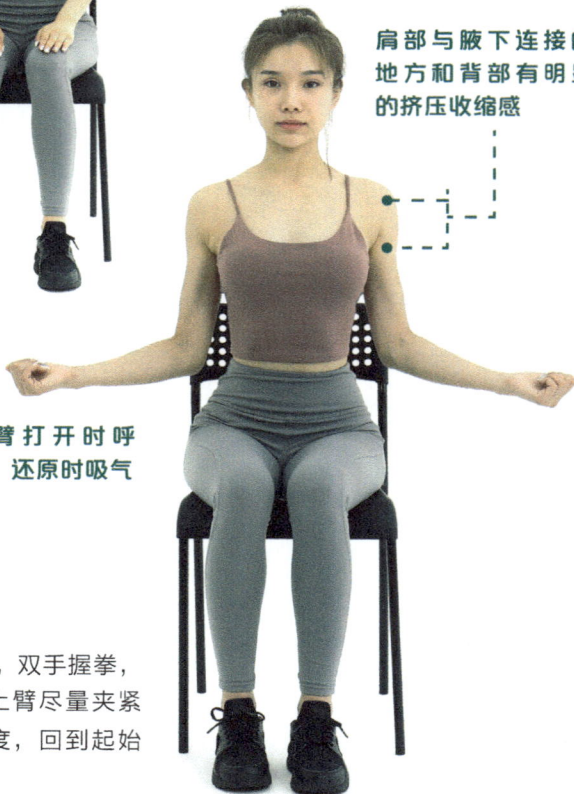

双臂打开时呼气，还原时吸气

━2━ 双臂置于身体两侧，肘关节弯曲，双手握拳，掌心朝上，拇指指向身体外侧。保持上臂尽量夹紧在身体两侧，双手向外旋转至最大幅度，回到起始姿势。重复以上步骤至规定次数。

肩外展

扫一扫 看视频

训练目标
· 力量

主要训练部位
· 肩部

目标肌肉
· 肩部肌群

要点
· 手臂摆动的过程中，保持伸直的状态

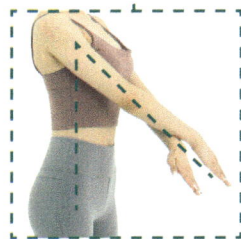

双臂尽量伸直并交叉

—1— 双脚平行站立，与肩同宽，脚尖朝前，双腿伸直，臀部收紧，挺胸抬头，目视前方，下颌收紧，双臂自然下垂。

—2— 双臂尽量伸直，于下腹前交叉。

向上抬

上抬时呼气

—3— 双臂缓慢向身体两侧外展。

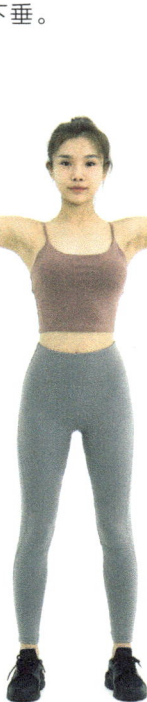

—4— 双臂举至头上方，再次交叉。回到起始姿势。重复以上步骤至规定次数。

提肩

扫一扫 看视频

训练目标

· 力量

主要训练部位

· 肩部

目标肌肉

· 肩胛提肌、斜方肌

要点

· 全程保持核心收紧，腰背挺直

—1— 站姿，双脚开立与肩同宽，腰背部挺直，核心收紧，双臂自然下垂。

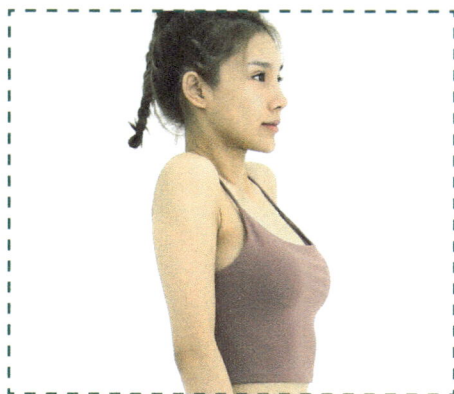

肩膀向耳朵方向提起

提肩时呼气

提肩

—2— 提肩，然后回到起始姿势。重复以上步骤至规定次数。

站姿肩部激活 •————————————

训练目标

· 灵活性

主要训练部位

· 肩部

目标肌肉

· 肩部肌群

要点

· 全程保持核心收紧，腰背挺直
· 全程均匀呼吸

全程核心收紧，背部挺直

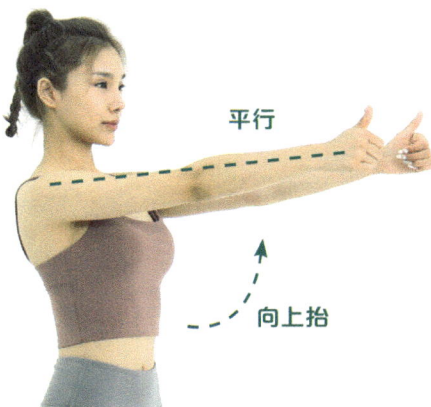

平行

向上抬

—1— 站姿，双脚开立与肩同宽，腰背挺直，双臂自然下垂。

—2— 双臂前平举，平行于地面，双手握拳，拇指朝上，拳心相对。

全程均匀呼吸

—3~4— 双臂侧平举，同时肘关节弯曲90°，使上臂平行于地面，接下来肩部肌群发力带动上臂向后旋转，使前臂垂直于地面。回到步骤2姿势，然后回到起始姿势。重复以上步骤至规定次数。

招财猫

训练目标

· 力量

主要训练部位

· 肩部

目标肌肉

· 肩部肌群

要点

· 全程保持核心收紧，腰背挺直

· 注意全程上臂保持平行于地面的状态

成直角

1 站姿，双脚开立与肩同宽，腰背挺直，双臂在身体两侧外展，掌心向外，肘关节成 90°，使前臂垂直于地面。

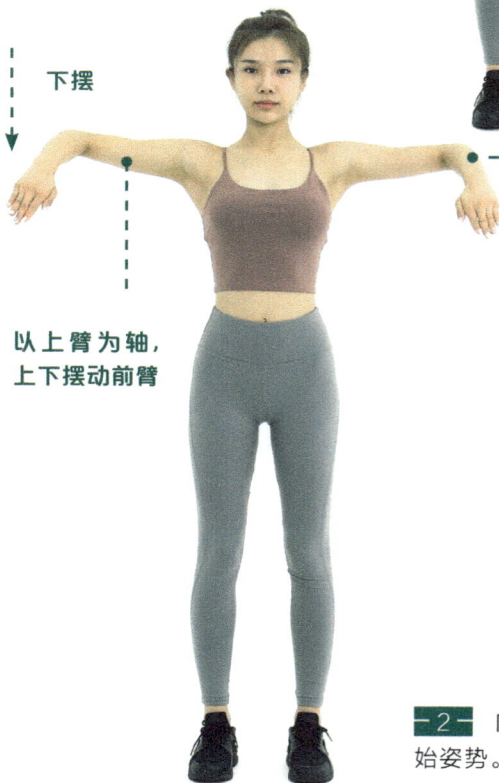

下摆

以上臂为轴，上下摆动前臂

前臂上摆时呼气，下摆时吸气

前臂与地面成 45°

2 向下旋转前臂，直至前臂与地面成 45°，回到起始姿势。重复以上步骤至规定次数。

古巴推举

扫一扫 看视频

训练目标

· 力量

主要训练部位

· 肩部

目标肌肉

· 肩部肌群

要点

· 全程保持核心收紧，腰背挺直

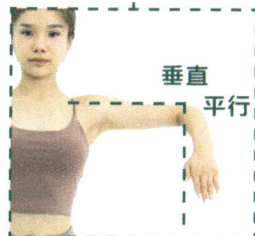

垂直

平行

上臂平行于地面，前臂垂直于上臂

-1- 站姿，双脚开立与肩同宽，双臂自然下垂。

-2- 双臂外展并屈肘，使上臂平行于地面，前臂向前并垂直于上臂，掌心朝下。

向上伸直

手臂向上伸直的过程中呼气，下放的过程中吸气

-3- 肩部肌群发力，以上臂为轴旋转前臂至与地面垂直。

-4- 双臂向上伸直举过头顶。按照以上步骤反向进行，回到起始姿势。重复以上步骤至规定次数。

41

阿诺推举

训练目标

· 力量

主要训练部位

· 肩部、手臂

目标肌肉

· 三角肌中束、小圆肌、肱三头肌

要点

· 全程保持核心收紧，腰背挺直

1 站姿，双脚开立与肩同宽，腰背挺直，双臂自然下垂。

双手握拳

肩关节外展、手臂上举时呼气，还原时吸气

2 双臂屈肘置于胸前，双手握拳，拳心相对。

3 ~ 4 腰背挺直，双臂向外展开至身体两侧后，向上推举至头顶，然后回到起始姿势。重复以上步骤至规定次数。

交替前平举

训练目标

· 力量

主要训练部位

· 肩部

目标肌肉

· 三角肌前束

要点

· 整个动作过程中注意保持核心收紧

—1— 双脚平行站立，与肩同宽，双腿伸直，臀部收紧，核心收紧，挺胸抬头，目视前方，下颌收紧，双臂自然下垂。

整个动作过程中注意保持核心收紧

平行

垂直

全程均匀呼吸

—2— 手半握拳，一侧手臂前举至平行于地面，再缓慢回到起始姿势。

—3— 另一侧手半握拳，前举至平行于地面，再缓慢回到起始姿势。重复以上步骤至规定次数。

第 三 章

上肢拉伸

上肢肌肉

上肢肌由上肢带肌、上臂肌、前臂肌和手肌组成。上臂肌主要包括喙肱肌、肱二头肌、肱三头肌、肱肌，前臂肌主要包括旋前圆肌、肱桡肌、掌长肌、桡侧腕屈肌、指伸肌、尺侧腕屈肌、尺侧腕伸肌。手臂肌肉的

正面图

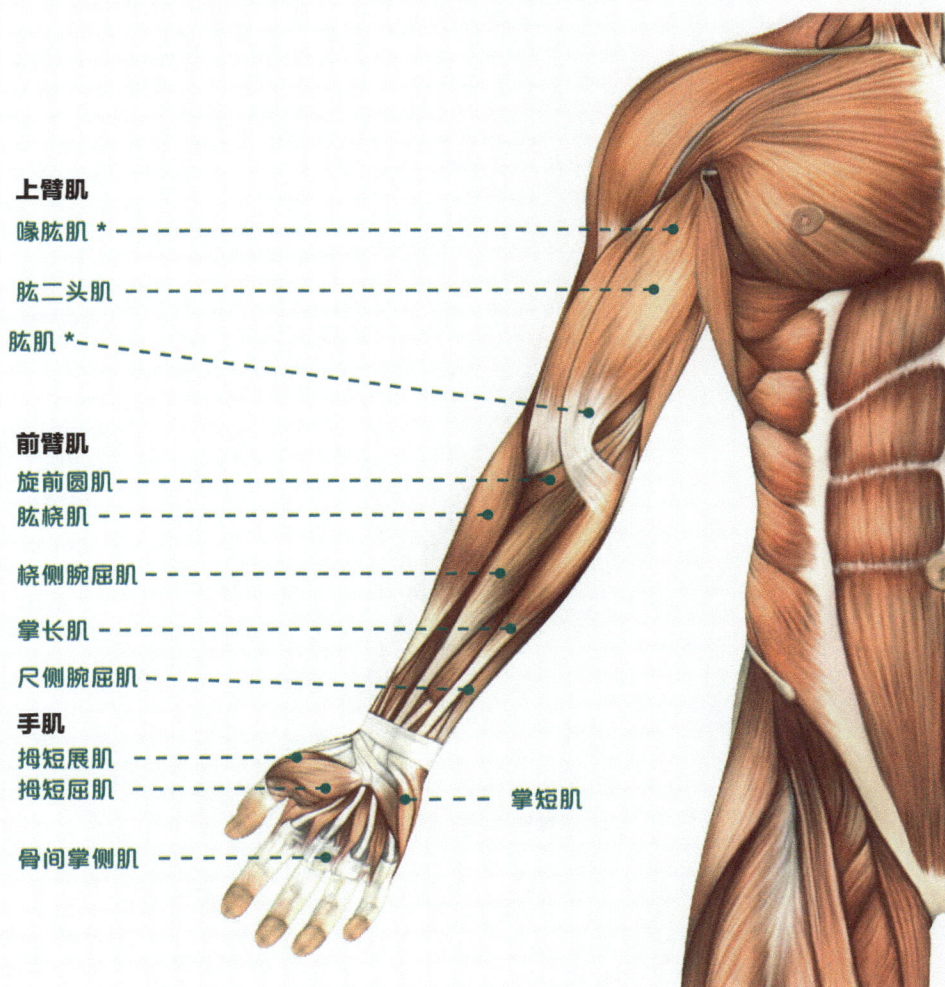

上臂肌
喙肱肌 *
肱二头肌
肱肌 *

前臂肌
旋前圆肌
肱桡肌
桡侧腕屈肌
掌长肌
尺侧腕屈肌

手肌
拇短展肌
拇短屈肌
骨间掌侧肌

掌短肌

主要功能是使肘关节屈曲及前臂旋前、旋后等，以及屈曲肩关节。

　　手肌位于手掌。手部肌肉主要包括拇短展肌、拇短屈肌、骨间掌侧肌、骨间背侧肌、掌短肌、小指展肌，主要功能是使掌指关节、指间关节屈伸，以及使手指完成外展、内收以及对掌等动作。

背面图

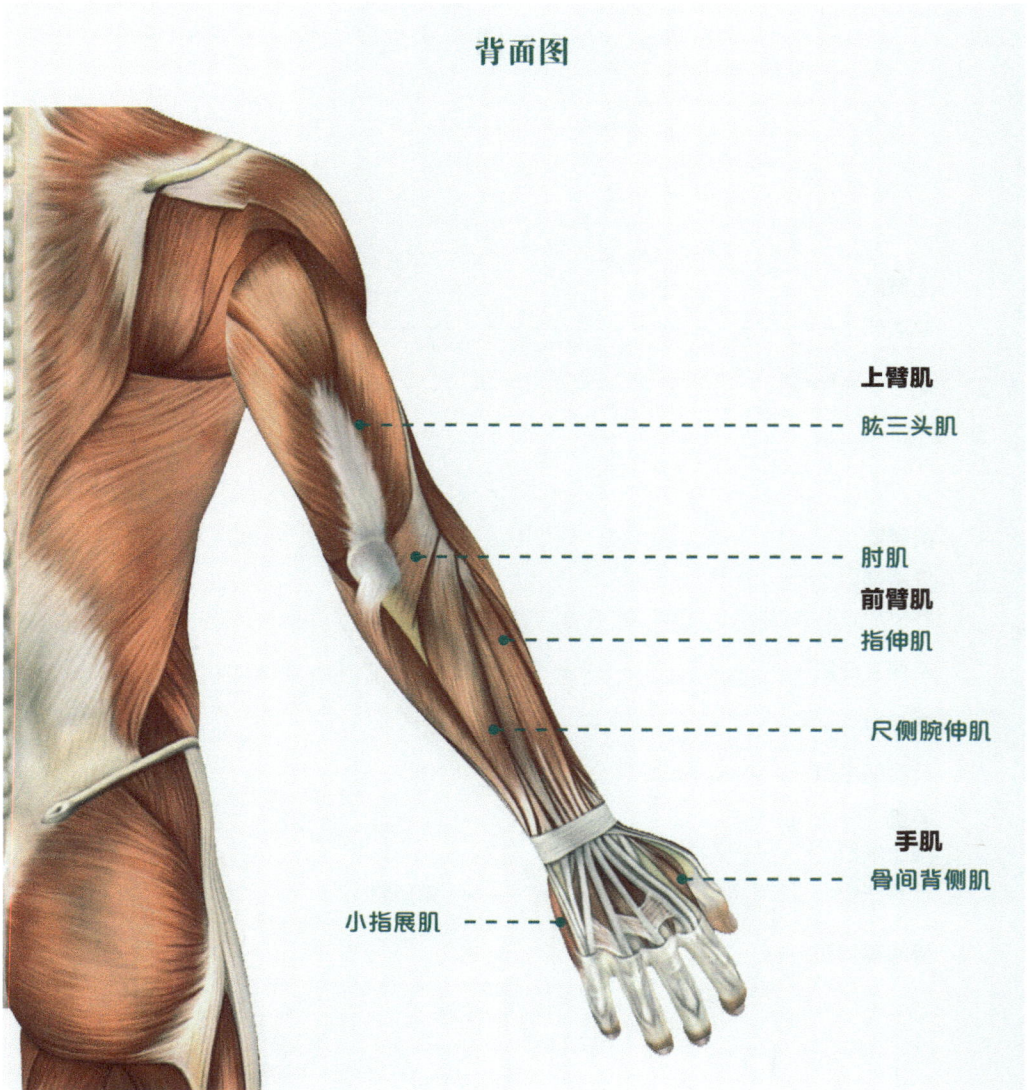

上臂肌
肱三头肌

肘肌

前臂肌
指伸肌

尺侧腕伸肌

手肌
骨间背侧肌

小指展肌

常见问题：上肢酸痛

　　不良的生活习惯很容易造成上肢酸痛的问题，由于这种酸痛状况多是间歇性的，所以会被大部分人忽略。上肢出现酸痛的原因有很多，只有找出真正的原因，才能够缓解和预防上肢酸痛。

上肢酸痛的原因与危害

　　一般情况下，我们会经常使用手臂和手部来完成许多重复性高的工作，故而产生肌肉疲劳。例如，长时间伏案工作、敲键盘、抓握鼠标、投掷、抬举物品等，这时候我们的上肢就容易因用力过猛或过度劳累而出现手臂麻木、肌肉酸痛，甚至形成"鼠标手""键盘肘"等，从而影响日常生活。

　　平时的工作、学习及生活中，我们用前臂的机会比较多，手臂多呈屈肘状态，令肱三头肌处于松弛状态，且平时我们运动的频率又比较低，所以很多时候容易造成脂肪堆积和肱三头肌松弛，形成"拜拜肉"。

改善方法

　　上肢肌肉是所有肌肉中经常被使用的，因此需要通过特定的拉伸来对其进行放松。平时应保持正确的姿势，合理地休息，同时搭配针对上肢肌肉的力量训练。进行针对上肢肌肉的力量训练时，可以选择上肢力量相对薄弱的部位，如肱二头肌、肱三头肌。增加前臂、手腕以及手指的灵活性，有助于缓解手臂和手部的劳损。

　　只有在日常生活中加强手臂的训练，减少手臂的脂肪，才能塑造出完美的肌肉线条，摆脱"拜拜肉"。适当地按摩手臂肌肉，进行伸展、摆臂运动等可以起到一定的改善作用。

坐姿手臂拉伸

适当地放松手部有助于预防腕关节疾病。增加手腕以及手指的灵活性，有助于缓解手部劳损。

手腕伸肌拉伸

训练目标

· 柔韧性

主要训练部位

· 手部

目标肌肉

· 桡侧腕伸肌、尺侧腕伸肌

要点

· 动作过程中，身体保持不动，背部挺直

全程均匀呼吸

1 身体呈坐姿，目视前方，背部挺直，腹部收紧，双脚踩地，大腿平行于地面并与小腿垂直。两侧手臂前平举，一侧手臂伸直并屈腕，另一侧手放在伸直手的手背处。

小腿垂直于地面

用力按压伸直手的手背

2 另一侧手用力按压伸直手的手背，持续发力按压，回到起始姿势。重复以上步骤至规定次数。

动作过程中身体保持不动，背部挺直

手指对抗伸展

训练目标

· 柔韧性

主要训练部位

· 手部

目标肌肉

· 拇短屈肌、拇长屈肌、桡侧腕屈肌

要点

· 动作过程中，身体保持不动，背部挺直

1 身体呈坐姿，目视前方，背部挺直，腹部收紧，双脚踩地，双腿分开与肩同宽，大腿平行于地面并与小腿垂直。肩关节、肘关节屈曲，双手五指相对，置于胸前。

全程均匀呼吸

双手相对发力

2 双手相对发力，回到起始姿势。重复以上步骤至规定次数。

动作过程中身体保持不动，背部挺直

49

手指拉伸

扫一扫 看视频

训练目标

· 柔韧性

主要训练部位

· 手部

目标肌肉

· 屈指肌群

要点

· 后背挺直，核心收紧，躯干稳定

—1— 双脚与肩同宽，坐在凳子上，双肘置于膝关节上方，腰背挺直，头部保持中立位。

全程均匀呼吸

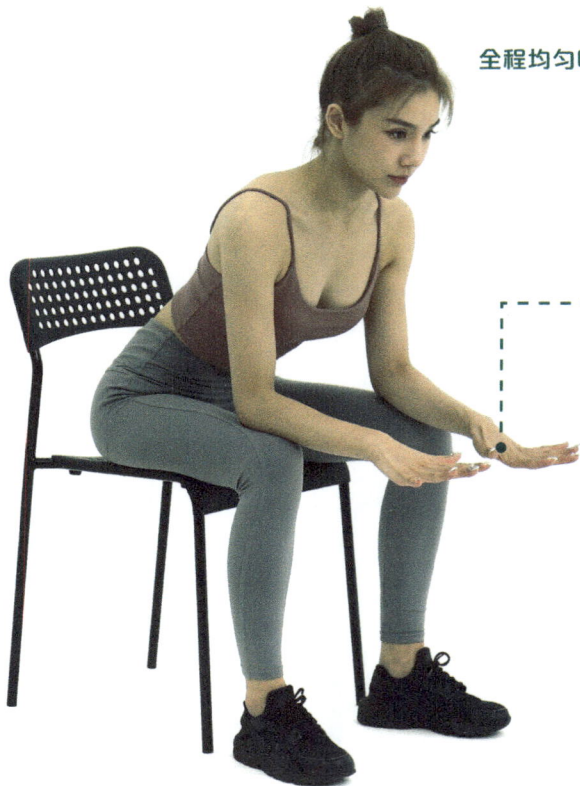

体会伸指肌群的充分伸展

—2— 掌心向下，手掌伸直，五指用力分开，屈指肌群有明显的拉伸感。完成规定的次数。

交替对掌练习

训练目标
· 柔韧性

主要训练部位
· 手部

目标肌肉
· 伸指肌群

要点
· 背部挺直，核心收紧，躯干稳定
· 体会伸指肌群的充分伸展

背部挺直，核心收紧，躯干稳定

1 身体呈坐姿，目视前方，背部挺直，腹部收紧，双脚踩地，双腿分开与肩同宽，大腿平行于地面并与小腿垂直。双臂屈肘，前臂平行于地面，五指并拢，手指伸直，掌心向上。

全程均匀呼吸

屈四指，伸拇指；屈拇指，伸四指。交替进行

2 屈四指，伸拇指；屈拇指，伸四指。交替进行，完成规定次数。

站姿手臂拉伸

本节将介绍一些站姿的手臂拉伸动作，使拉伸的方式更丰富，身体处于不同的姿势中，减少办公室人群久坐的时长。

前臂前侧拉伸

训练目标

· 柔韧性

主要训练部位

· 前臂

目标肌肉

· 腕屈肌群

要点

· 肘关节不要弯曲，手掌伸直

腰背挺直

被拉伸的手臂伸直

1 站姿，双脚开立与肩同宽，腰背挺直，双臂前平举，掌心朝上。一侧手臂伸腕，使掌心朝前，对侧手握住被拉伸手臂的四指。

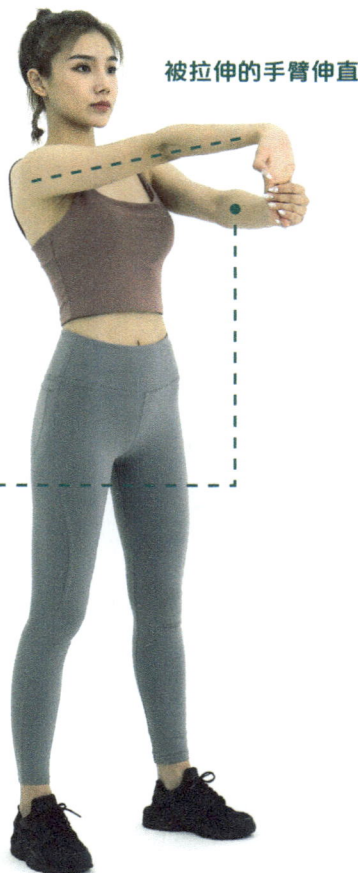

将四指压向躯干方向

全程均匀呼吸

2 将四指压向躯干方向，直至被拉伸手臂的手腕前侧肌群有中等强度的拉伸感，保持该姿势至规定时间。

52

肱三头肌拉伸

扫一扫 看视频

训练目标

· 柔韧性

主要训练部位

· 手臂

目标肌肉

· 肱三头肌

要点

· 重点体会肱三头肌的拉伸感

臀部收紧，腰背挺直

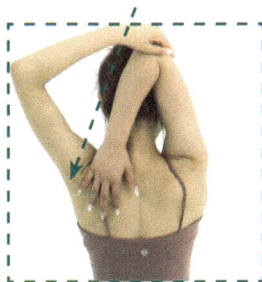

向后下方拉伸

—1— 双脚平行站立，与肩同宽，双腿伸直，臀部收紧，挺胸抬头，目视前方，下颌收紧，双臂自然下垂。

全程均匀呼吸

—3— 被拉伸的手臂向后下方伸展至最大幅度，保持该姿势至规定时间。两侧手臂交替进行拉伸，回到起始姿势。重复以上步骤至规定次数。

—2— 一侧手臂外展，屈肘，前臂从头部上方置于脑后，五指分开贴近身体，同时另一侧手按在被拉伸手臂的肘关节处辅助发力。

肱二头肌拉伸 1

训练目标

· 柔韧性

主要训练部位

· 手臂

目标肌肉

· 肱二头肌

要点

· 全程保持核心收紧，腰背挺直

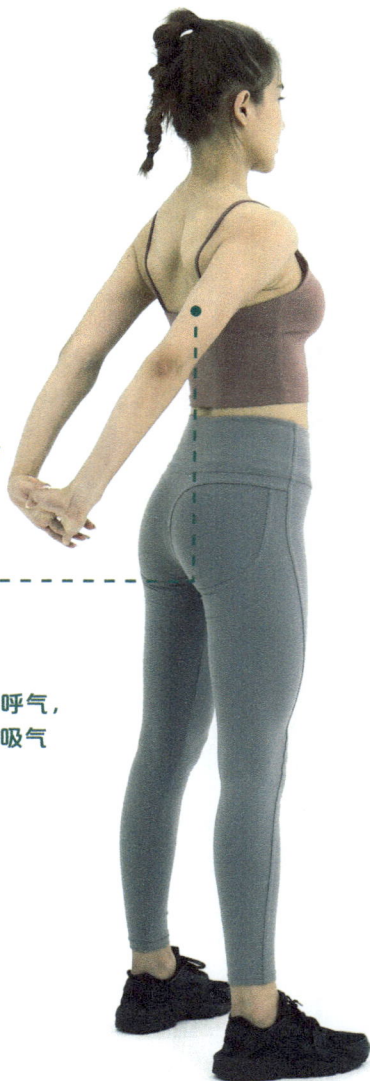

—1— 站姿，双脚开立与肩同宽，腰背挺直，双臂在身后伸直，双手十指交叉，掌心朝下。

全程保持核心收紧，腰背挺直

掌心朝下

拉伸时呼气，还原时吸气

肩关节后伸，向上抬高双臂

—2— 肩关节后伸，向上抬高双臂，直至上臂感受到中等强度拉伸感，保持该姿势至规定时间。

手腕旋转

扫一扫 看视频

训练目标

· 柔韧性、灵活性

主要训练部位

· 手臂

目标肌肉

· 桡侧腕伸肌、尺侧腕伸肌、桡侧腕屈肌、尺侧腕屈肌

要点

· 全程保持身体不动，腰背挺直

全程均匀呼吸

1 双脚平行站立，略宽于肩，脚尖朝前，双腿伸直，臀部收紧，挺胸抬头，目视前方，下颌收紧，双臂自然下垂。肘关节屈曲，五指分开、伸直，掌心朝下。

2 身体保持不动，双手腕关节先向内屈曲90°，再向外侧环绕一周，回到起始姿势。重复以上步骤至规定次数。

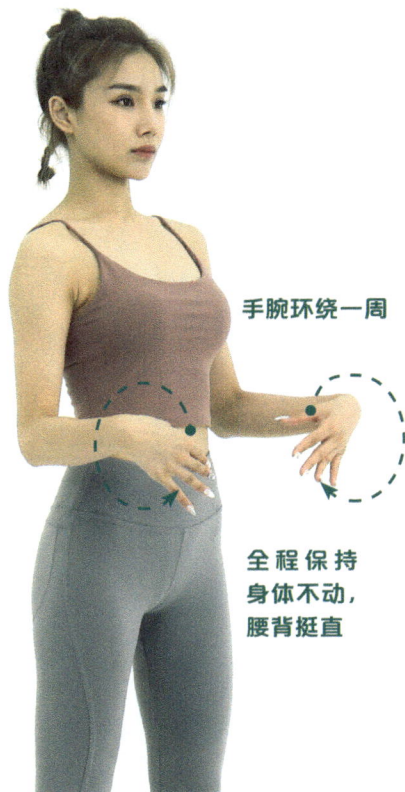

手腕环绕一周

全程保持身体不动，腰背挺直

肱三头肌侧向拉伸

扫一扫 看视频

训练目标

· 柔韧性

主要训练部位

· 手臂

目标肌肉

· 肱三头肌

要点

· 重点体会肱三头肌的拉伸感

全程均匀呼吸

—1— 双脚平行站立，与肩同宽，双腿伸直，臀部收紧，挺胸抬头，目视前方，下颌收紧，双臂自然下垂。

将手臂拉向对侧

体会肱三头肌的拉伸感

—2— 一只手搭在对侧肩上，另一只手置于被拉伸手臂的肘关节上方辅助发力，将被拉伸手臂拉向对侧，保持30秒。

—3— 回到起始姿势，换另一侧重复此动作至规定时间。

肱二头肌拉伸 2

训练目标

· 柔韧性

主要训练部位

· 手臂

目标肌肉

· 肱二头肌

要点

· 注意手臂伸直，水平向后伸展
· 重点体会肱二头肌的拉伸感

1 双脚平行站立，与肩同宽，脚尖朝前，双腿伸直，臀部收紧，挺胸抬头，目视前方，下颌收紧，双臂自然下垂。

腰背挺直，臀部收紧

全程均匀呼吸

掌心相对

双臂水平向后伸展至最大幅度

2 双臂侧平举，同时双臂内旋至拇指朝下，水平向后伸展至最大幅度，保持该姿势至规定时间，回到起始姿势。重复以上步骤至规定次数。

第 四 章

胸部放松

胸部肌肉

　　胸部肌肉作为锁骨、肋骨和腹部的主导肌肉，可分为胸上肢肌和胸固有肌。胸上肢肌主要包括锁骨下肌、胸大肌、胸小肌和前锯肌。胸大肌是位于胸腔前部靠近皮肤的大块肌肉，主要功能是使肩关节屈曲、内旋、内收等。胸小肌位于胸大肌的深层部位，它的主要功能是下沉肩部和稳固肩胛骨，以及协助吸气。前锯肌位于胸廓侧面，此肌以数个肌齿起自上位 8 或 9 块肋骨，止于肩胛骨，主要功能是使肩胛骨紧贴胸廓向前移动，当肩胛骨保持固定不动时还可以起到辅助吸气、提肋的作用。

　　胸固有肌主要包括肋间内肌和肋间外肌三大部分。肋间内肌位于肋间外肌的深层部分；肋间外肌则位于各肋间隙的浅层部分，它的主要功能是在上肢固定的情况下，上提肋骨、协助呼吸。

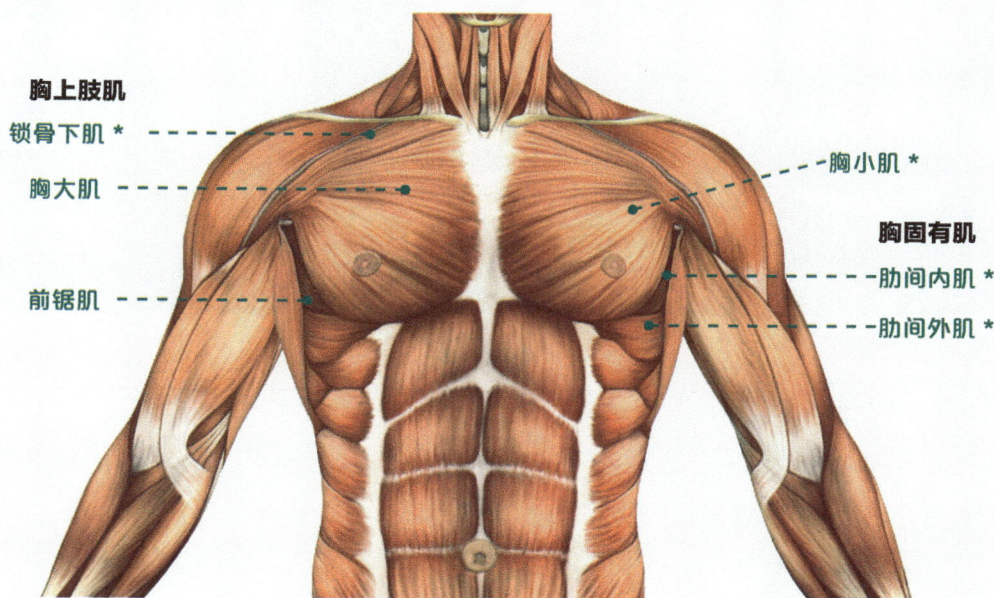

正面图

胸上肢肌
锁骨下肌 *
胸大肌
前锯肌
胸小肌 *
胸固有肌
肋间内肌 *
肋间外肌 *

常见问题：胸部肌肉紧张

　　胸部肌肉紧张不仅影响人的形象，还会对人的生活有一定的影响。圆肩、驼背等不良体态在日常生活中很常见，而这些都与胸部肌肉紧张有关。下面将介绍胸部肌肉紧张的原因、危害和改善方法。

胸部肌肉紧张的原因与危害

　　每天保持不良坐姿，如长时间低头、含胸、弓背、久坐不动，会导致胸部肌肉紧张、僵硬，肌肉缩短，形成圆肩、驼背，影响身体健康和形态。而长时间伏案工作、搬运物品、驾驶会过度使用胸部肌肉，造成胸部肌肉紧绷、疼痛。

改善方法

　　经常对胸部肌肉进行拉伸或做扩胸运动，有助于增强胸部肌肉的柔韧性；此外，还需要加强背部肌肉力量（具体方法请参见下一章内容）有助于缓解胸部肌肉酸痛、减轻疲劳。拉伸的时候，胸部有轻微的酸痛感是正常的，但如果不适感很强要及时停止拉伸。

胸部放松

本节为大家介绍胸部放松动作,使日常生活中缩短的肌肉得到拉伸。

扩胸运动

扫一扫 看视频

训练目标

· 柔韧性

主要训练部位

· 胸部

目标肌肉

· 胸大肌

要点

· 重点体会胸大肌的拉伸感

一1一 双脚平行站立,脚尖朝前,双腿伸直,臀部收紧,挺胸抬头,目视前方,下颌收紧。双手握拳,屈肘45°,上臂水平向后外展,平行于地面。

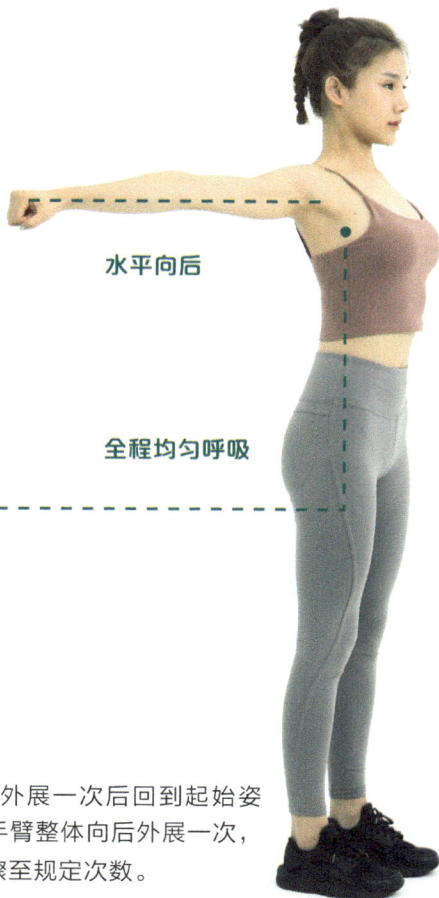

水平向后

全程均匀呼吸

双臂伸直侧平举

一2一 双肩和双肘水平向后外展一次后回到起始姿势。双臂伸直侧平举,同时手臂整体向后外展一次,回到起始姿势。重复以上步骤至规定次数。

61

动态胸部伸展

扫一扫 看视频

训练目标

· 柔韧性

主要训练部位

· 胸部

目标肌肉

· 胸大肌、胸小肌

要点

· 全程保持腰背挺直

全程保持腰背挺直

—1— 站姿，双脚开立与肩同宽，腰背挺直，双臂自然下垂。

双臂水平后展时呼气，还原时吸气，并根据呼吸节奏逐渐加大拉伸幅度

—2— 双臂伸直，外展至与地面平行，掌心朝前；然后双臂水平后展至最大幅度，使胸部有拉伸感；最后回到起始姿势。重复以上步骤至规定次数。

胸部拉伸

—1— 站姿，双脚开立与肩同宽，腰背挺直，双臂自然下垂。

全程保持核心收紧，腰背挺直

全程均匀呼吸

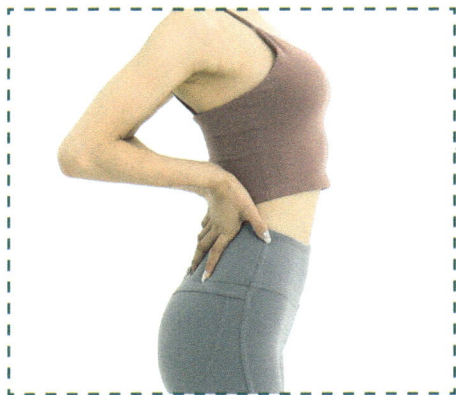

肘关节自然指向身体斜后方

—2— 双手叉腰，拇指置于身体前侧，其他四指按在腰部，肘关节自然指向身体斜后方。肩关节向后展，双臂肘关节渐渐靠拢，直至胸部前侧肌群有中等强度的拉伸感，保持该姿势至规定时间。

第 五 章

腰背舒缓

腰背肌肉

　　腰背肌肉主要包括背肌和腰肌两大部分。背肌分为背浅层肌（斜方肌、背阔肌等）、背中层肌（上、下后锯肌）和背深层肌（竖脊肌、菱形肌等）。腰肌主要有腰方肌、腰大肌等。腰背肌肉共同作用，使上半身可以进行伸展、旋转和侧屈等运动。

　　腰背肌肉对于控制身体平衡有着极大的作用，但也很容易受伤，需要做好防护。只有在生活中维持正确的姿势，才能更好地保护腰背。

背面图

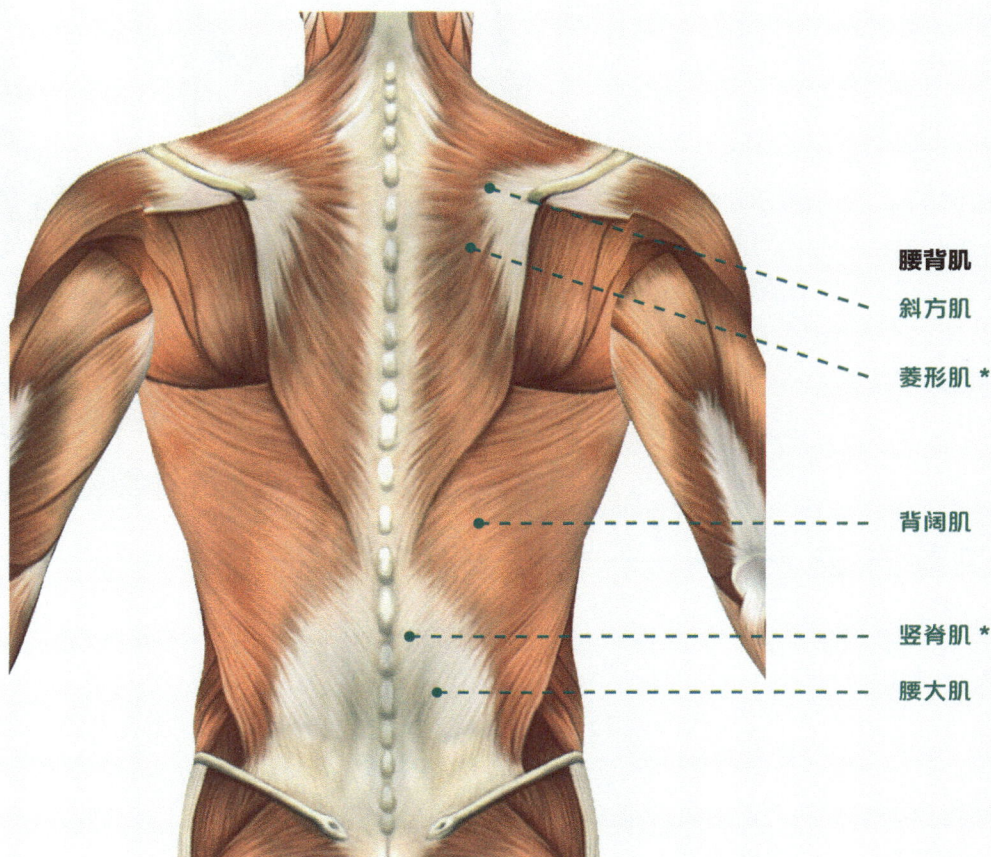

腰背肌

斜方肌

菱形肌 *

背阔肌

竖脊肌 *

腰大肌

常见问题：腰背部肌肉紧张

　　有时候腰背部肌肉的紧张或疼痛会影响我们的情绪和生活。其实大多数人的腰背部肌肉紧张问题是生活中的不良习惯引起的，饮食、睡姿、运动方式甚至是穿戴都有可能影响腰背部肌肉。本节针对腰背部肌肉紧张的原因与危害以及改善方法进行讲解，希望对大家有帮助。

腰背部肌肉紧张的原因与危害

　　造成腰背部肌肉紧张的原因有很多，主要原因是腰背部劳累过度或是后背的肌肉拉伤。对于长期伏案工作的办公室一族来说，坐姿更容易变形，再加上不注意定时改变腰背部的姿势，使腰背部所受压力增大，从而导致腰背部肌肉紧张和疼痛，甚至出现慢性劳损。同时，如果身体缺乏锻炼，腰背部肌肉紧张，长时间处于错误的坐姿，也会加重腰椎间盘突出或者骨盆前倾等情况。

改善方法

　　想要改善腰背部肌肉紧张的问题，就需要我们保持正确的坐姿，最好选择能支撑背部的椅子，并在保持一定时间的坐姿后起身做一些按摩、伸展运动。如果办公条件允许，可以使用筋膜球在背部滚动，这样有助于预防和缓解腰背部疼痛。同时也要针对斜方肌、背阔肌、菱形肌等主要肌肉进行力量训练，这样才能增强这些肌肉的力量和适应能力，从而让身体更健康。若实行了以上改善方法后仍无法缓解，请及时就医。

腰背舒缓

本节给大家介绍一组缓解腰背疼痛的拉伸练习，每天一练让你告别腰酸背痛！

坐姿上背部拉伸

训练目标

· 柔韧性

主要训练部位

· 背部

目标肌肉

· 上背部肌群

要点

· 注意感受上背部肌群的拉伸感

扫一扫 看视频

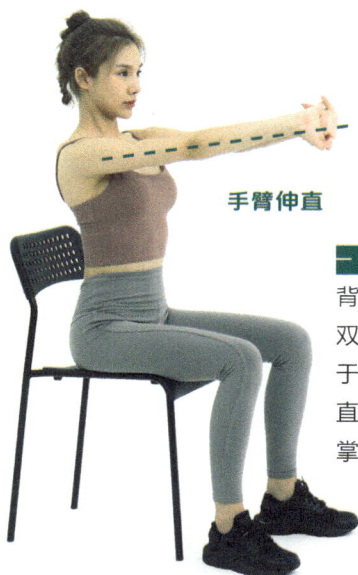

手臂伸直

1 身体呈坐姿，目视前方，背部挺直，腹部收紧，双脚踩地，双腿分开与肩同宽，大腿平行于地面并与小腿垂直。双臂伸直向前举起，双手十指交叉，掌心向外。

全程均匀呼吸

双臂向前伸展，直至上背部肌群产生中等强度拉伸感

2 弓起上背部，同时双臂向前伸展，直至上背部肌群有中等强度拉伸感，保持该姿势至规定时间，回到起始姿势。换至对侧重复以上步骤。

坐姿背阔肌拉伸

训练目标

· 柔韧性

主要训练部位

· 背部

目标肌肉

· 背阔肌

要点

· 全程均匀呼吸

全程均匀呼吸

━1━ 身体呈坐姿，目视前方，背部挺直，腹部收紧，双脚踩地，双腿分开与肩同宽，大腿平行于地面并与小腿垂直，双手放在双膝上。

手臂举过头顶，并带动躯干向对侧弯曲

━2━ 一侧手臂举过头顶并带动躯干向对侧弯曲，保持该姿势至规定时间，回到起始姿势。换至对侧重复规定次数。

向上拉伸

1 站姿，双脚开立与肩同宽，腰背挺直，双臂自然下垂。

双手握拳

肩关节外旋上举时呼气，还原时吸气

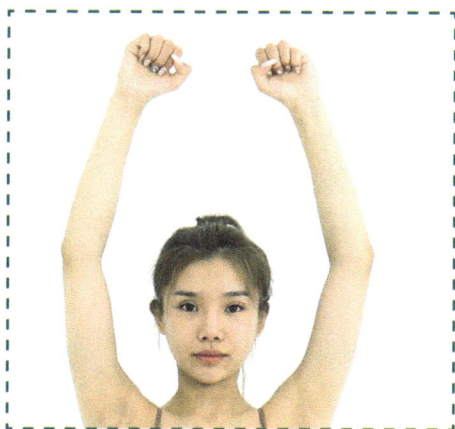

手臂向上尽量伸直

2 双臂尽量伸直，双手握拳，掌心朝前。手臂和脊柱同时向上伸，直至背部两侧肌群有中等强度的拉伸感，保持该姿势至规定时间。

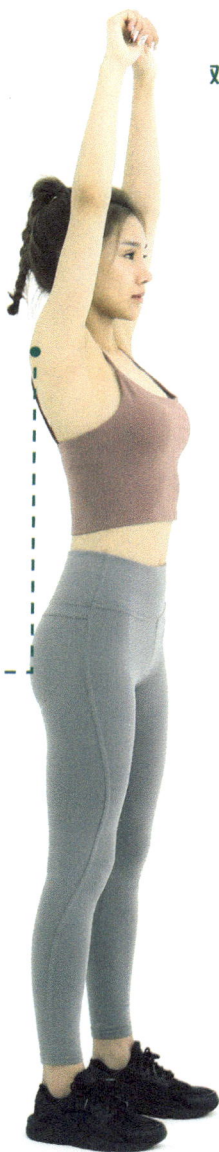

扶椅手臂下压

训练目标

· 柔韧性

主要训练部位

· 背部

目标肌肉

· 背阔肌

要点

· 拉伸时躯干、下肢，以及手臂保持伸直状态

下压时呼气，同时跟随呼吸的节奏加大拉伸幅度

1 双脚开立，宽于肩。双手置于与髋同高的椅背上，躯干、下肢及手臂均保持伸直状态。

下压时躯干、下肢和手臂保持伸直状态

躯干下压，肩部前侧有拉伸感

2 躯干下压，使肩关节被动屈曲，直至肩部前侧有拉伸感，保持该姿势至规定时间，然后回到起始姿势。重复以上步骤至规定次数。

脊柱伸展

训练目标

· 灵活性、柔韧性

主要训练部位

· 腰部、背部

目标肌肉

· 腰背部肌群

要点

· 核心收紧，体会腹部带动躯干转体

核心收紧

1 身体呈坐姿，目视前方，背部挺直，核心收紧，双脚踩地，双手十指交叉并抱头。

躯干带动手臂，使一侧手肘触碰对侧膝关节

2 俯身向前，躯干带动手臂，使一侧手肘触碰对侧膝关节，回到起始姿势。再用另一侧手肘触碰对侧膝关节，回到起始姿势。重复以上步骤至规定次数。

上背部拉伸

训练目标

·柔韧性

主要训练部位

·背部、手部

目标肌肉

·菱形肌、斜方肌、腕屈肌群

要点

·保持核心收紧，腰背挺直
·整个动作过程中躯干保持稳定
·手臂伸直，向前伸展至最大幅度，重点体会背部的拉伸感

—1— 双脚平行站立，与肩同宽，脚尖朝前，双腿伸直，臀部收紧，挺胸抬头，目视前方，下颌收紧，双臂自然下垂。

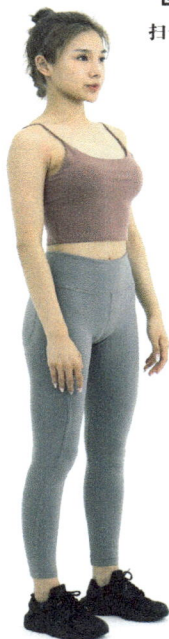

掌心向外用力，手臂向正前方伸展

—2— 双手十指交叉，双臂同时内旋，并伸至身体的最前方，手臂垂直于躯干，掌心向外。手臂用力向正前方伸，两肩同时向前，肩胛骨前伸，保持该姿势至规定时间。重复以上步骤至规定次数。

全程均匀呼吸

中背部拉伸 •————————————

训练目标

· 柔韧性

主要训练部位

· 腰部、腹部

目标肌肉

· 背阔肌、腰方肌、
腹外斜肌

要点

· 全程保持核心收紧，
腰背挺直
· 动作不宜过快，注意
感受肌肉的拉伸

─ 1 ─ 站姿，双脚开立与肩同宽，
腰背挺直，核心收紧，双手叉腰。

掌心朝下

全程均匀呼吸

─ 2 ─ 躯干转向身体一侧，直至对侧背部及腰部肌
群有中等强度拉伸感，保持姿势至规定时间。然后
换至对侧重复该动作至规定次数。

腰背强化

本节由一些适合办公室久坐人群的腰背肌肉的强化练习组成，这些动作可以增强腰背肌肉力量，改善日常不良姿势。

坐姿划船

扫一扫 看视频

训练目标

· 力量

主要训练部位

· 背部

目标肌肉

· 菱形肌

要点

· 全程保持核心收紧，背部挺直

全程均匀呼吸

—1— 坐于垫上，双腿伸直，双脚并拢平放在垫子上，脚底面与地面垂直。背部挺直，双臂于肘关节处弯曲约90°，双手握拳，拳心相对。

—2— 上背肌发力带动上臂向后移动，同时将两侧肩胛骨向中间挤压，做划船动作，然后回到起始姿势。重复以上步骤至规定次数。

上臂紧贴身体，向后移动

肩胛骨前伸后缩

训练目标

· 力量

主要训练部位

· 背部

目标肌肉

· 菱形肌

要点

· 两侧肩胛骨同时后缩或向前伸时，双臂保持伸直状态

臀部收紧，腰背挺直

全程均匀呼吸

- 1 - 双脚平行站立，与肩同宽，脚尖朝前，双腿伸直，臀部收紧，挺胸抬头，目视前方，下颌收紧，双臂伸直前平举，掌心相对。

两侧肩胛骨同时向后缩，再同时向前伸

- 2 - 两侧肩胛骨同时向后缩，再同时向前伸。重复以上步骤至规定的次数。

俯身 A 形伸展

训练目标

· 力量

主要训练部位

· 背部

目标肌肉

· 斜方肌

要点

· 全程躯干保持挺直
· 头部保持中立位

双臂伸直放于体侧

1 双脚开立，与肩同宽或略宽于肩。屈膝屈髋，俯身至躯干与地面平行或接近平行，双臂伸直放于体侧。

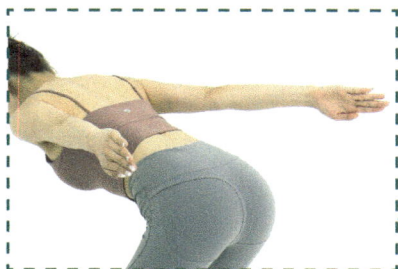

双臂后伸至最大幅度

双臂后伸时呼气，还原时吸气

2 躯干保持挺直，后背收紧，肩部后侧发力带动双臂后伸至最大幅度，与躯干形成 A 形，掌心相对，五指并拢，然后回到起始姿势。重复以上步骤至规定次数。

俯身 YTW 形伸展

扫一扫 看视频

训练目标

· 力量

主要训练部位

· 肩部、背部

目标肌肉

· 斜方肌、背阔肌、菱形肌

要点

· 全程躯干保持挺直
· 头部保持中立位
· 手臂与躯干在同一平面

—1— 双脚开立，与肩同宽或略宽于肩，屈膝屈髋，躯干前倾且挺直。双臂伸直外展，手指伸直，掌心相对。手臂与躯干在同一平面，与躯干成135°，形成 Y 形。

拉伸时呼气，还原时吸气

掌心朝下

双臂内收，使手臂与躯干成 90°，形成 T 形

—2~3— 躯干保持挺直，背部收紧。肩部后侧发力，双臂内收，使手臂与躯干成90°，形成 T 形，掌心朝下。然后屈肘约45°，上臂后伸，双臂与躯干形成 W 形，最后回到 Y 形姿势。重复以上步骤至规定次数。

77

俯身转体

训练目标

· 力量

主要训练部位

· 腰背部

目标肌肉

· 竖脊肌

要点

· 全程躯干保持挺直
· 头部保持中立位

1 双脚开立，与肩同宽或略宽于肩，屈膝屈髋，俯身至躯干与地面约成 45°。手掌相叠置于下腰背处。

躯干保持挺直

躯干转动时呼气，还原时吸气

2 躯干保持挺直，并发力向一侧转动，同时肩部和头部随躯干同步运动，然后回到中立位并转向另一侧。重复以上步骤至规定次数。

第 六 章

臀部塑形

臀部肌肉

　　臀部连接腰与腿，在人行走、跑步、跳跃、侧向移动、睡眠、呼吸甚至消化食物时都起着非常重要的作用。

　　臀部肌肉主要包括臀大肌、臀中肌、臀小肌、梨状肌、上孖肌、下孖肌和股方肌等。它的主要功能是使髋关节后伸、外展、旋内和旋外等。

　　臀部肌肉作为身体中一个强大的肌群，如果忽视其出现的问题，可能会造成身体其他部位受损。

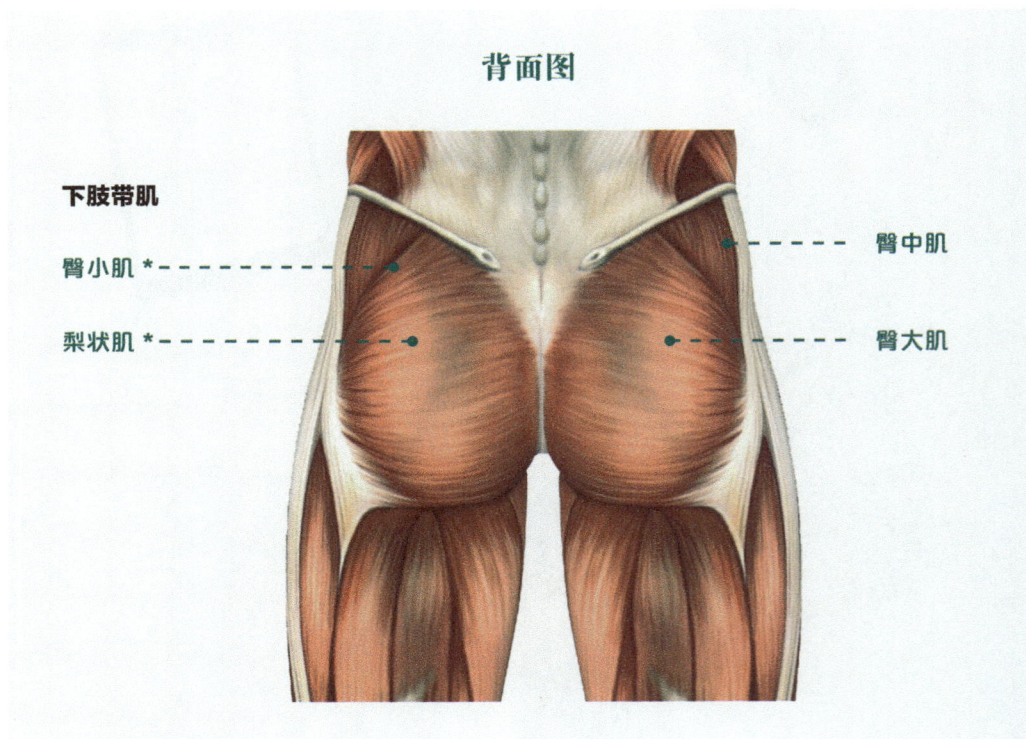

背面图

下肢带肌

臀小肌 *

梨状肌 *

臀中肌

臀大肌

常见问题：扁平臀

　　扁平的臀部不仅会影响我们的身体形态，还会对身体其他部位造成影响。因此臀部的训练是极其重要的，增强臀部肌肉力量可以起到改善腰背部疼痛、提高骨盆的稳定性、改善腿形等作用。接下来我们就来了解扁平臀的形成原因与危害，以及改善方法。

扁平臀的形成原因与危害

　　臀部肌肉在日常生活中很少被锻炼到。臀部肌肉是躯干和下肢的交叉点、平衡点，其大小与形态关系到整个身体的美感。久坐或保持不正确的坐姿会导致臀部血液循环变差、代谢能力降低、肌肉松弛等，从而影响臀形。长此以往还会引发腰背部的疼痛，在运动时骨盆的稳定性也会变得很差，影响下肢的稳定，从而引发膝关节酸痛等一系列健康问题。

改善方法

　　臀部有大量的肌肉，这些肌肉可以用来稳定骨盆。生活中的站、坐、蹲、爬等动作都会动用臀部肌肉。可以通过拉伸臀部的肌肉、增强臀部肌肉的力量，提升运动中的稳定性、速度和力量，预防损伤、缓解背部疼痛。同时，有很多针对臀部的力量练习，需要下肢各个肌肉同时参与，因此可以锻炼到身体的协调性，给予下肢骨骼一定的刺激，预防骨质疏松，并塑造出线条优美、肌肉紧实的臀腿。

臀部拉伸

在进行臀部力量训练前，可以通过持续时间短的拉伸练习来激活臀部肌肉、增大髋关节的活动度（动作的最大幅度），提高接下来训练的效果；在臀部力量训练结束后，可通过持续时间长的拉伸练习来放松臀部肌肉，促进肌肉恢复。

坐姿臀大肌拉伸

训练目标

· 柔韧性

主要训练部位

· 臀部

目标肌肉

· 梨状肌

要点

· 全程保持背部挺直

双腿屈髋屈膝

—1— 坐于垫上，双腿屈髋屈膝，一侧脚全脚掌着地，对侧小腿搭在着地腿的大腿上，背部挺直，双臂伸直支撑在身体两侧的垫子上。搭档跪在被拉伸者身后一臂距离，身体前倾，双手扶在被拉伸者肩上。

被拉伸者身体保持不动，背部挺直

—2— 搭档用力将被拉伸者的身体向前推，此时被拉伸者梨状肌应有中等强度拉伸感，保持该姿势至规定时间。

全程均匀呼吸

坐姿梨状肌拉伸

训练目标

· 柔韧性

主要训练部位

· 臀部

目标肌肉

· 梨状肌

要点

· 全程保持背部挺直。若在某一位置感觉疼痛，则该位置为练习者当前最大拉伸位置

全程保持背部挺直

1 正坐在椅子上，双腿分开与肩同宽，一侧脚的脚踝搭在对侧腿的膝关节上方。背部挺直，双手分别放在抬起腿的膝关节和踝关节上，头部与向躯干面向正前方。

保持背部挺直，躯干前倾

2 保持背部挺直，髋关节屈曲，躯干前倾直至臀部深层肌肉有中等强度拉伸感，保持该姿势至规定时间。换至对侧重复以上步骤。

全程均匀呼吸

坐姿臀部拉伸

扫一扫 看视频

训练目标

· 柔韧性

主要训练部位

· 臀部

目标肌肉

· 臀大肌

要点

· 全程保持背部挺直

—1— 坐于垫上，双腿伸直并拢平放在垫子上。蜷起一侧腿并把脚放在对侧腿的膝关节外侧，双臂同时抱住蜷起的腿，双手扶在膝关节下方，保持身体稳定。

双手缓慢用力将被抱住的腿拉向躯干

全程均匀呼吸

—2— 双手缓慢用力将被抱住的腿拉向躯干。注意在拉伸的过程中被拉伸的一侧臀部后侧应感觉到中等强度拉伸感，保持该姿势至规定时间，回到起始姿势。换至对侧重复以上步骤。

臀部动态拉伸

扫一扫 看视频

训练目标

· 柔韧性

主要训练部位

· 臀部

目标肌肉

· 臀大肌

要点

· 感受臀部的拉伸感

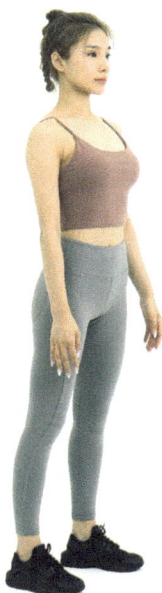

保持腰背挺直

保持腰背挺直，
双手用力将腿拉
向躯干

全程均匀呼吸

—1— 站姿，双脚开
立与肩同宽，腰背挺
直，双臂自然下垂。

—2— 身体重心移到一侧
腿上，对侧腿屈髋屈膝并
用双手抱住该腿膝关节。

—3— 双手用力将腿
拉向躯干，同时支撑腿
踮脚尖，感受臀部的
拉伸，保持该姿势至
规定时间。被拉伸腿
落地，回到起始姿势。
换至对侧重复以上步
骤至规定次数。

臀部外侧动态拉伸

扫一扫 看视频

训练目标

· 柔韧性

主要训练部位

· 臀部

目标肌肉

· 臀大肌、臀中肌、臀小肌

要点

· 保持腰背挺直,核心收紧

—1— 站姿,双脚略微分开,腰背挺直,双臂自然下垂。将身体重心移到一侧腿上,对侧腿屈髋屈膝并用双手分别抱住该腿膝关节和踝关节。

拉伸时呼气,还原时吸气

保持腰背挺直,核心收紧

将腿向同侧肩膀方向用力拉伸

—2— 双手将腿向同侧肩膀方向用力拉伸,直至该侧臀部后侧肌群有中等强度拉伸感,保持该姿势至规定时间,然后放松回到起始姿势。换至对侧重复以上步骤至规定次数。

"4" 字臀部拉伸

训练目标

· 柔韧性

主要训练部位

· 臀部

目标肌肉

· 臀中肌、梨状肌、臀大肌

要点

· 拉伸时保持腰背挺直，同时支撑腿稳定支撑于地面

— 1 — 站姿，双脚开立与肩同宽，腰背挺直，核心收紧，双手自然下垂。

全程均匀呼吸，同时跟随呼吸的节奏加大拉伸幅度

支撑腿屈髋屈膝至大腿与另一侧小腿接触，并下蹲至另一侧臀部有拉伸感

支撑腿稳定支撑于地面

— 2 — 腰背挺直，一侧腿支撑于地面。另一侧腿膝关节屈曲、髋关节外旋，双手分别抓住这侧腿的膝关节和踝关节。支撑腿屈髋屈膝至大腿与另一侧小腿接触，并下蹲至另一侧臀部有拉伸感，保持该姿势至规定时间。然后换另一侧重复上述动作，重复以上步骤至规定次数。

站姿屈髋肌拉伸

扫一扫 看视频

训练目标

· 柔韧性

主要训练部位

· 大腿、髋部

目标肌肉

· 股四头肌、髂腰肌

要点

· 全程保持核心收紧，腰背挺直

—1— 站姿，双脚开立与肩同宽，腰背挺直，双臂自然下垂。

动作过程中均匀呼吸

向前跨步，腿部呈弓步姿势

—2— 一侧腿向前跨步，同时身体高度降低做弓步动作，然后继续下降至大腿及髋部前侧肌群有中等强度拉伸感，保持该姿势至规定时间。换至对侧重复以上步骤。

臀部塑形

本节为大家整理一组提高髋关节活动范围、提升臀部肌肉力量的练习，让臀部更有形、更丰满。

屈髋提膝外摆

扫一扫 看视频

训练目标

· 灵活性

主要训练部位

· 臀部

目标肌肉

· 髂腰肌、臀大肌、臀中肌、梨状肌

要点

· 核心收紧，躯干保持稳定
· 下肢移动的过程中，速度均匀，躯干保持稳定

1 双脚平行站立，与肩同宽，脚尖朝前，双腿伸直，臀部收紧，挺胸抬头，目视前方，下颌收紧，双手自然下垂。

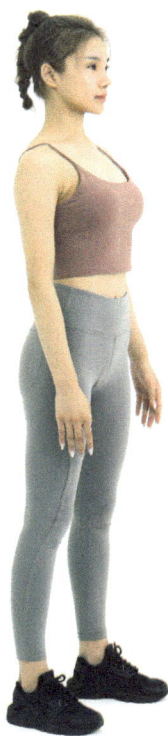

90°

一侧腿屈髋屈膝上提，顺势沿水平方向外摆

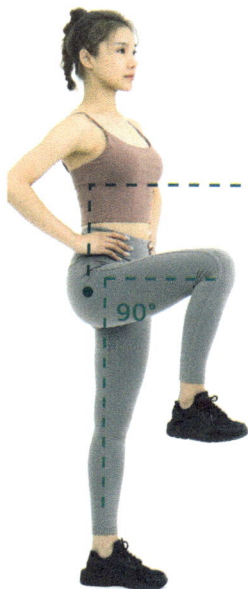

全程均匀呼吸

2 双手叉腰。同时，一侧腿支撑身体，另一侧腿屈髋屈膝上提，大腿、小腿之间约成90°，顺势沿水平方向向外摆腿至最大幅度，再顺势向下移动，回到起始姿势。左右两侧交替进行，重复以上步骤至规定次数。

髋关节环绕

扫一扫 看视频

训练目标

· 灵活性

主要训练部位

· 臀部

目标肌肉

· 髂腰肌、臀大肌、臀中肌、梨状肌

要点

· 抬腿时，躯干保持稳定，核心收紧
· 将大腿抬至平行于地面后，再水平向外展

— 1 — 双脚平行站立，略宽于肩，脚尖朝前，双腿伸直，臀部收紧，挺胸抬头，目视前方，下颌收紧，双臂自然下垂。

腰背挺直，臀部收紧

全程均匀呼吸

—2 ~ 3— 双手叉腰，抬起一侧腿，屈髋屈膝 90°，大腿抬至基本与地面平行，再顺势水平外展至最大幅度；保持大腿向外展开的状态，腿部轻轻落下，脚尖微微点地后再次抬起，然后顺势内收回至身体正前方，缓慢下落，回到起始姿势。两侧交替进行，重复以上步骤至规定次数。

弓步提膝

扫一扫 看视频

训练目标

· 力量

主要训练部位

· 臀部、大腿

目标肌肉

· 臀大肌、股四头肌、腘绳肌

要点

· 整个动作过程中注意保持核心收紧

· 大腿前摆，屈髋屈膝，大小腿之间成 90°

— 1 — 双脚前后开立，呈弓步姿势，两脚尖朝前。前腿屈膝屈髋，大小腿之间成 120°；后腿伸直，脚尖撑地。挺胸抬头，目视前方，下颌收紧，肘关节屈曲，双手叉腰。

全程均匀呼吸

大腿前摆，屈髋屈膝，大小腿之间成 90°

— 2 — 前腿支撑。后腿蹬地向前，大腿前摆，屈髋屈膝，大小腿之间成 90°，勾脚尖，然后回到起始姿势。左右两侧交替进行，重复以上步骤至规定次数。

整个动作过程中注意保持核心收紧

站姿侧抬腿

扫一扫 看视频

训练目标

· 力量

主要训练部位

· 臀部、大腿

目标肌肉

· 臀大肌、臀中肌、股外侧肌、阔筋膜张肌

要点

· 全程保持核心收紧，腰背挺直

—1— 站姿，左腿伸直全脚掌着地，右腿向右侧伸展，右脚尖点地，腰背挺直，双手叉腰。

抬腿时呼气，还原时吸气

全程保持核心收紧，腰背挺直

60°

向侧面直腿抬起 60°

—2— 重心移到一侧腿，对侧腿在身体侧面直腿抬起约 60°，全程保持核心收紧，骨盆稳定。换至对侧，重复以上步骤至规定次数。

站姿内收侧抬腿

扫一扫 看视频

训练目标

· 力量

主要训练部位

· 大腿、臀部

目标肌肉

· 大收肌、阔筋膜张肌、长收肌、短收肌、股薄肌、耻骨肌、臀中肌

要点

· 动作过程中始终控制骨盆稳定向前

直腿向左前侧内收

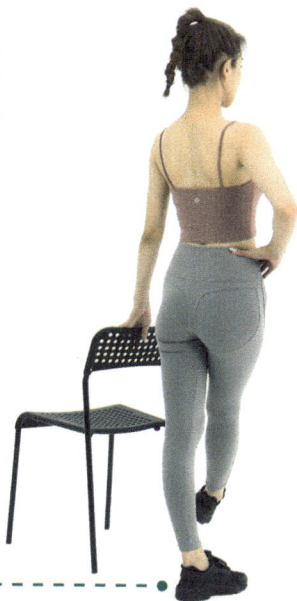

抬起时呼气，还原时吸气

外展至最大幅度

—1— 站姿，双脚并拢，一侧手扶椅背，另一侧手叉腰。腰背挺直，靠近椅背的腿为支撑腿，另一侧腿发力，直腿向前内侧收。

—2— 内收的腿向外展至最大幅度，然后回到起始姿势，重复动作至规定次数。换至对侧重复以上步骤至规定次数。

交替前弓步

训练目标

· 力量

主要训练部位

· 臀部、大腿

目标肌肉

· 臀大肌、股四头肌

要点

· 前后脚距离要足够大

1 双脚前后开立，后脚踮脚尖，腰背挺直，核心收紧。双手握拳，拳心相对，置于胸前。

前后脚距离要足够大

双腿屈曲，身体高度降低，后腿膝关节不要触地

2 双腿屈曲，身体高度降低，直至前腿的大腿与地面平行，后腿膝关节近乎接触地面（不要触地）。然后前腿发力蹬地，带动身体上升回到起始姿势。换至对侧重复以上步骤至规定次数。

站起时呼气，下蹲时吸气

对角线交替后弓步

扫一扫 看视频

训练目标

· 力量

主要训练部位

· 臀部、大腿

目标肌肉

· 臀大肌、股四头肌

要点

· 前后脚距离要足够大

—1— 站姿，双脚开立与肩同宽，腰背挺直，核心收紧，双手自然下垂。

腰背挺直，臀部收紧

站起时呼气，下蹲时吸气

一条腿向内侧后方跨出，双腿屈髋屈膝

—2— 双手半握拳，拳心相对置于胸前。一条腿向内侧后方跨出，双腿屈髋屈膝，身体高度降低，直至前腿的大腿与地面平行，后腿膝关节近乎接触地面。然后前腿发力将身体上推，使身体回到起始姿势。换至对侧重复以上步骤至规定次数。

椅式半蹲

训练目标
· 力量

主要训练部位
· 腿部、臀部

目标肌肉
· 股四头肌、臀大肌

要点
· 全程保持腰背挺直
· 膝和脚尖方向一致且向前

全程保持腰背挺直

—1— 双脚平行站立，与肩同宽或略宽于肩，脚尖向前。双臂自然下垂。

下蹲时吸气，起身时呼气

屈膝屈髋下蹲至臀部触碰身后椅背

—2— 双手半握拳，拳心相对，置于胸前。腰背挺直，屈膝屈髋下蹲至臀部触碰身后椅背。然后下肢发力，伸膝伸髋，回到起始姿势。重复以上步骤至规定次数。

保加利亚深蹲

训练目标

· 力量

主要训练部位

· 臀部、腿部

目标肌肉

· 臀大肌、股四头肌、腓肠肌、比目鱼肌

要点

· 动作过程中始终保持躯干挺直

· 前侧腿的膝关节尽量不超过脚尖，膝和脚尖方向一致且向前

动作过程中保持躯干挺直

—1— 分腿站姿，躯干挺直。前侧脚支撑于地面，后侧脚脚尖支撑于椅子上，双手握拳，拳心相对，放于胸前。

—2— 保持躯干挺直，屈膝屈髋下蹲至前侧腿的大腿与地面平行，膝关节尽量不超过脚尖。然后下肢发力，伸膝伸髋，回到起始姿势。重复以上步骤至规定次数。

下蹲时吸气，起身时呼气

97

宽距深蹲

训练目标

· 力量

主要训练部位

· 臀部、腿部

目标肌肉

· 臀大肌、股四头肌、比目鱼肌、腘绳肌、腓肠肌

要点

· 保持核心收紧，腰背挺直
· 保持蹲姿时，躯干保持稳定

1 双脚平行站立，双脚距离为肩宽的两倍，脚尖朝前并外旋45°，双腿伸直，臀部收紧，挺胸抬头，目视前方，下颌收紧，双手叉腰。

全程均匀呼吸

水平面

大腿平行于水平面

2 屈膝屈髋下蹲，直至大腿平行于水平面，双腿外展。臀部肌肉发力，伸髋伸膝，回到起始姿势。重复以上步骤至规定次数。

宽距全蹲

训练目标

· 力量

主要训练部位

· 臀部、腿部

目标肌肉

· 臀大肌、股四头肌、腘绳肌、腓肠肌、比目鱼肌

要点

· 保持核心收紧，腰背挺直
· 保持蹲姿时，躯干保持稳定

—1— 双脚平行站立，双脚距离为肩宽的两倍，脚尖朝前并外旋45°，双腿伸直，臀部收紧，挺胸抬头，目视前方，下颌收紧，双臂自然下垂。

全程均匀呼吸

水平面

屈髋屈膝下蹲，直至大腿低于水平面

—2— 屈膝屈髋下蹲，直至大腿低于水平面，双腿外展，双臂屈曲，双手握拳，拳心相对置于胸前。臀部肌肉发力，伸髋伸膝，双手自然放置于身体两侧，回到起始姿势。重复以上步骤至规定次数。

宽距半蹲

训练目标
· 力量

主要训练部位
· 臀部、腿部

目标肌肉
· 臀大肌、股四头肌、比目鱼肌、腘绳肌、腓肠肌

要点
· 保持核心收紧，腰背挺直
· 保持蹲姿时，躯干保持稳定

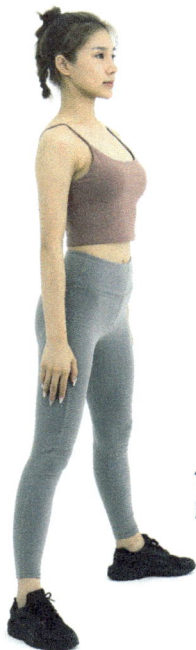

1 双脚平行站立，双脚距离为肩宽的两倍，脚尖朝前并外旋45°，双腿伸直，臀部收紧，挺胸抬头，目视前方，下颌收紧，双臂自然下垂。

全程均匀呼吸

保持核心收紧，腰背挺直

屈膝屈髋半蹲，臀部微微高于膝关节

2 屈膝屈髋半蹲，臀部微微高于膝关节，两腿外展，双臂屈曲，双手握拳，拳心相对置于胸前。臀部肌肉发力，伸髋伸膝，回到起始姿势。重复以上步骤至规定次数。

保持蹲姿时，躯干保持稳定

第 七 章

腿部强化

腿部肌肉

　　腿部肌肉主要用于承受行走、奔跑和跳跃等一系列的动作所产生的压力。

　　腿部肌肉由大腿肌肉和小腿肌肉组成。大腿肌肉主要包括大腿前侧肌群、大腿后侧肌群、大腿内侧肌群。大腿前侧肌群主要由股四头

正面图

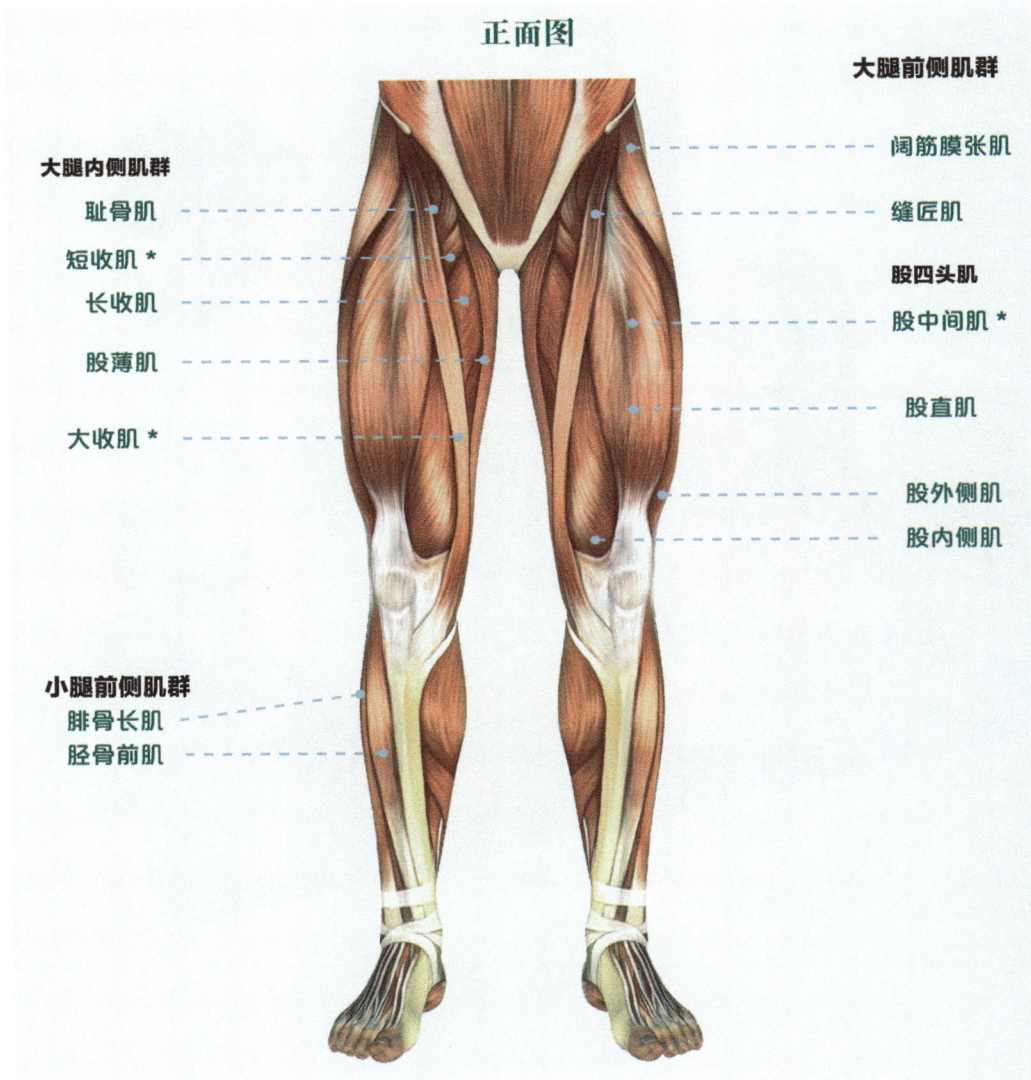

大腿内侧肌群

耻骨肌

短收肌 *

长收肌

股薄肌

大收肌 *

小腿前侧肌群

腓骨长肌

胫骨前肌

大腿前侧肌群

阔筋膜张肌

缝匠肌

股四头肌

股中间肌 *

股直肌

股外侧肌

股内侧肌

肌（股中间肌、股直肌、股外侧肌和股内侧肌）、阔筋膜张肌和缝匠肌等组成，其主要功能是屈曲髋关节，并使已屈曲的膝关节旋内。大腿后侧肌群主要由股二头肌、半腱肌和半膜肌（合称腘绳肌）等组成，其主要功能是伸展髋关节、屈曲膝关节。大腿内侧肌群主要由大收肌、短收肌、长收肌、耻骨肌以及股薄肌等组成，其主要功能是使髋关节内收。

小腿肌肉则由小腿前侧肌群、小腿后侧肌群和小腿外侧肌群构成。小腿前侧肌群由胫骨前肌、趾长伸肌和踇长伸肌等组成；小腿后侧肌群由腓肠肌和比目鱼肌等组成；小腿外侧肌群由腓骨长肌和腓骨短肌等组成。以上所有小腿肌肉共同协作稳定踝关节，并帮助身体保持平衡。

背面图

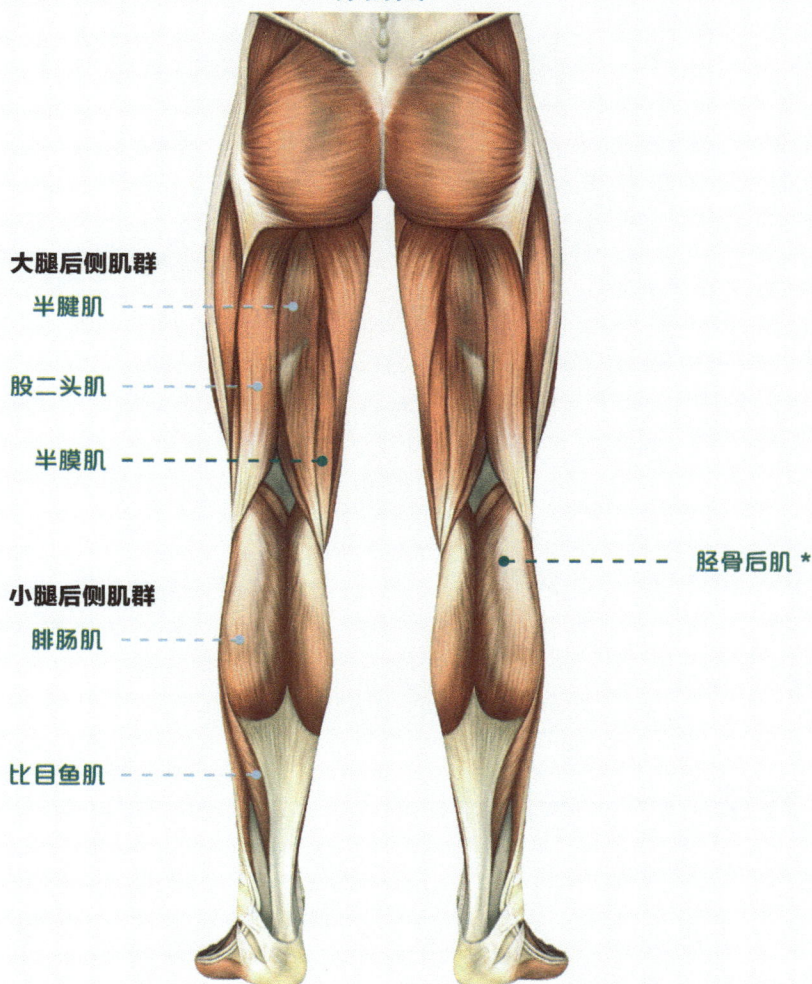

大腿后侧肌群
半腱肌
股二头肌
半膜肌

胫骨后肌 *

小腿后侧肌群
腓肠肌

比目鱼肌

常见问题："大象腿""假胯宽"

现在很多人都在为"大象腿""假胯宽"发愁，腿粗、胯宽大大影响人的体态。本节我们就来讲解一下关于"大象腿""假胯宽"的形成原因与危害，以及改善方法。

"大象腿""假胯宽"的形成原因与危害

导致"大象腿"的主要原因有以下几种。

长时间保持坐姿，影响血液循环。

偏向吃高淀粉、高脂肪、高热量的食物，尤其是垃圾食品，导致脂肪在下半身堆积。

日常中肌肉发力不正确，导致了肌肉代偿，影响了肌肉的平衡，最后使得腿部变得又粗又硬。

导致"假胯宽"的主要原因有以下几种。

走路姿势不正确的人容易出现"假胯宽"的问题，如走路习惯性内八。内八会导致大腿的骨头向内旋转，走路时更多激活大腿外侧的肌肉，长此以往会使大腿外侧的肌肉越来越发达、外凸，导致"假胯宽"。

身体缺乏锻炼，导致臀部的肌肉松弛，从外形上看，髋部的位置变低，造成"假胯宽"的问题。

"大象腿""假胯宽"不仅会影响体态，还会使腿部脂肪堆积过多，肌肉的张力变小，对身体造成危害。在腿部肌肉无力的状态下跑步、跳跃，会使腿部的肌肉产生紧张式的疼痛，严重时还会造成肌肉失衡，使血液循环能力变差，出现水肿、抽筋等症状。而长时间行走或跑步也会引起足跟疼痛和肌肉紧张，严重时会引发足底筋膜炎等问题。

改善方法

如果想保持双腿线条优美，需要注意饮食，加强血液循环，注意平时的姿态。利用泡沫轴、筋膜球、弹力带等辅助器械来对腿部肌肉进行力量训练，加强大腿前侧、后侧的肌群的力量及提高膝关节周围组织的柔韧性，在平时生活中注意正确发力。

腿部放松

办公室人群经常需要坐着办公或者开会，使双腿长期处于较低的位置并且双腿的活动较少，因此该人群需要更加注重腿部肌肉的拉伸和放松。本节给大家分享一些腿部拉伸练习，促进双腿的血液循环、改善水肿、抽筋等症状。

站姿触摸脚趾

扫一扫 看视频

训练目标

· 柔韧性

主要训练部位

· 大腿、小腿

目标肌肉

· 腘绳肌、小腿肌群

要点

· 膝关节保持伸直

— 1 — 站姿，双脚开立与肩同宽，腰背挺直，双臂自然下垂。

全程均匀呼吸

膝关节保持伸直

— 2 — 保持双腿伸直，屈髋，同时用双手触摸脚尖，直至大腿及小腿后侧肌群有中等强度拉伸感，保持该姿势至规定时间。

双手触摸脚尖

体前屈转体

训练目标
· 柔韧性

主要训练部位
· 腿部

目标肌肉
· 腘绳肌

要点
· 膝关节尽量不要弯曲

1 站姿，双脚开立距离大于肩宽，腰背挺直，双臂自然下垂。

全程均匀呼吸

俯身手触脚后，大腿后侧肌群产生中等强度拉伸感

2 屈髋俯身至躯干与地面平行，一侧手臂向下触碰对侧脚，对侧手臂向上伸直，与地面基本垂直，此时大腿后侧肌群应有中等强度拉伸感。保持该姿势至规定时间，换至对侧重复以上步骤至规定次数。

坐姿腿部后侧拉伸

训练目标

· 柔韧性

主要训练部位

· 大腿、小腿

目标肌肉

· 腘绳肌、腓肠肌

要点

· 全程保持核心收紧，背部挺直

全程均匀呼吸

— 1 — 正坐在椅子上，臀部只与椅子的前半部分接触。双脚平放在地面上，头部面向躯干正前方。一侧腿保持不动，另一侧腿伸直，脚后跟撑地并向躯干方向勾脚尖，双手分别放在同侧大腿上。

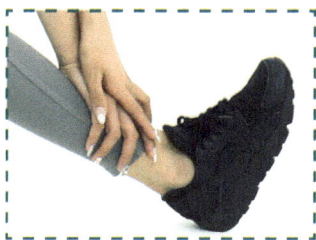

全程保持脚尖勾起

— 2 — 保持背部挺直，屈髋使躯干向前倾，至被拉伸腿的后侧肌群有中等强度拉伸感，双手叠放于小腿上提供支撑，保持该姿势至规定时间。回到起始姿势。换至对侧重复以上步骤。

全程保持核心收紧，背部挺直

坐姿体前屈

扫一扫 看视频

训练目标

· 柔韧性

主要训练部位

· 大腿、小腿

目标肌肉

· 腘绳肌、腓肠肌

要点

· 膝关节不要弯曲

全程均匀呼吸

—1— 坐于垫上，双腿伸直并拢平放在垫子上，脚底面与地面垂直，双手置于大腿处。

屈髋使躯干向前，同时双臂伸直，双手抓住脚尖（保证动作的准确性，避免腰部受伤）

—2— 保持背部挺直，屈髋使躯干向前，同时双臂伸直，双手抓住脚尖。注意在拉伸的过程中被拉伸腿的后侧肌群应有中等强度拉伸感，保持该姿势至规定时间，回到起始姿势。

坐姿髋内收肌拉伸

扫一扫 看视频

训练目标

· 柔韧性

主要训练部位

· 大腿

目标肌肉

· 大收肌、短收肌、长收肌、耻骨肌、股薄肌

要点

· 全程保持背部挺直

—1— 坐于垫上，背部挺直，膝关节屈曲，双脚足底相对，双手抓住双脚脚尖。

躯干向前倾时呼气

躯干向前倾，至大腿内侧肌群有中等强度拉伸感

—2— 躯干向前倾，至大腿内侧肌群有中等强度拉伸感，保持该姿势至规定时间。回到起始姿势。重复以上步骤至规定次数。

坐姿小腿拉伸

扫一扫 看视频

训练目标

· 柔韧性

主要训练部位

· 小腿

目标肌肉

· 腓肠肌

要点

· 被拉伸腿的膝关节不要弯曲

全程均匀呼吸

1 坐于垫上，双腿伸直并拢平放在垫子上，双手放在身体两侧。

一侧手臂前伸，手轻轻抓住该侧腿脚尖，并施力将其拉向躯干

2 蜷起一侧腿并使大腿与躯干贴合，同时用这一侧手抱住蜷起的腿。保持身体稳定。另一侧手臂向前伸，手轻轻抓住该侧腿的脚尖，并开始施力将脚尖拉向躯干，保持该姿势至规定时间。注意在拉伸的过程中被拉伸腿的膝关节不应弯曲，并且应感觉到该侧小腿后侧肌群有中等强度拉伸感。换至对侧重复以上步骤。

股四头肌拉伸

训练目标

· 柔韧性

主要训练部位

· 大腿

目标肌肉

· 股四头肌

要点

· 重点体会股四头肌的拉伸感

膝关节紧贴地面

—1— 呈俯卧姿势，双手撑在垫子上，一侧腿屈膝内收至身体前方，另一侧腿膝关节紧贴垫子。

将脚踝拉向臀部

全程均匀呼吸

—2— 一侧手撑在垫子上，保持身体稳定，另一侧手抓住右脚脚踝上方。然后将脚踝拉向臀部，直至股四头肌有拉伸感，保持该姿势至规定时间。两侧交替进行。

站姿大腿前侧拉伸

训练目标

· 柔韧性

主要训练部位

· 大腿

目标肌肉

· 股四头肌

要点

· 全程保持核心收紧，腰背挺直

全程核心收紧，腰背挺直

1 站姿，双脚略微分开，腰背挺直，双臂自然下垂。

手压住脚背，将被拉伸腿的脚用力压向臀部

全程均匀呼吸

2 身体重心移到一侧腿上，对侧腿向后屈膝，并用该侧手压住该侧脚脚背。将被拉伸腿的脚用力压向臀部，至大腿前侧肌群有中等强度拉伸感，保持该姿势至规定时间。回到起始姿势。换至对侧重复以上步骤。

站姿比目鱼肌拉伸

训练目标

· 柔韧性

主要训练部位

· 小腿

目标肌肉

· 比目鱼肌

要点

· 脚跟全程保持贴在地面上，不要抬起来

全程均匀呼吸

—1— 站姿，一只脚向前迈一大步，腰背挺直，核心收紧，双手叉腰。

身体高度降低，使后腿的小腿后侧肌群产生中等强度拉伸感

—2— 身体高度降低，双腿屈曲，直至后腿的小腿后侧肌群有中等强度拉伸感，保持该姿势至规定时间。换至对侧重复以上步骤。

腿部强化

本节介绍的练习均可以发展腿部的力量，紧实双腿的肌肉，达到美化腿部线条的目的。

脚部绕"8"字

扫一扫 看视频

训练目标

· 灵活性

主要训练部位

· 大腿

目标肌肉

· 髂腰肌、股四头肌

要点

· 单腿保持稳定，支撑身体，核心肌群控制躯干，保持躯干稳定不动

1 双脚平行站立，与肩同宽，脚尖朝前，双腿伸直，臀部收紧，挺胸抬头，目视前方，下颌收紧，双手叉腰。

全程均匀呼吸

2 抬起一侧腿，伸膝屈髋，大腿带动小腿，从下向上依次做"8"字形环绕。另一侧腿保持稳定，支撑身体，核心肌群控制躯干，保持躯干稳定不动，回到起始姿势。换至对侧重复以上步骤至规定次数。

一侧腿做"8"字形环绕

站姿交替勾腿

训练目标

· 力量

主要训练部位

· 大腿

目标肌肉

· 腘绳肌

要点

· 全程保持核心收紧，腰背挺直

· 注意保持平衡

一1一 站姿，双脚开立与肩同宽，腰背挺直，双手叉腰。

勾腿时呼气，还原时吸气

大腿后侧肌群发力，屈膝至小腿与大腿形成约 45° 的夹角

一2一 身体重心移到一侧腿上，对侧腿的大腿后侧肌群发力，小腿向后勾，尽力去触碰大腿。换至对侧，重复以上步骤至规定次数。

坐姿抬脚尖 •———————————

训练目标

· 力量

主要训练部位

· 小腿

目标肌肉

· 胫骨前肌

要点

· 全程保持背部挺直

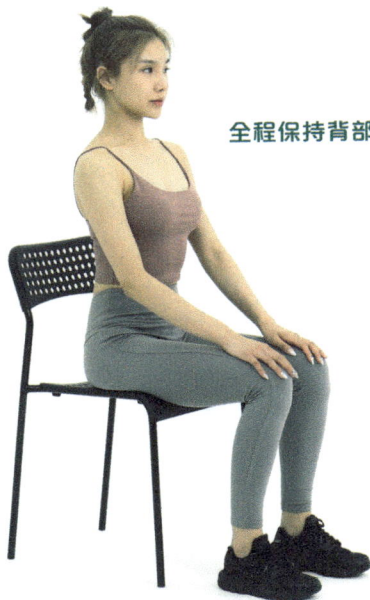

全程保持背部挺直

—1— 正坐在椅子上，双腿分开与肩同宽，大腿与小腿垂直，双脚平放在地面上，背部挺直，双手放在双膝上，头部面向躯干正前方。

全程均匀呼吸

双脚脚跟不动，脚尖发力向上勾到最大程度

—2— 双脚脚跟不动，脚尖发力向上勾到最大程度，放回。重复以上步骤至规定次数。

116

侧向三步移动

训练目标

· 力量、协调性

主要训练部位

· 大腿、臀部

目标肌肉

· 股四头肌、腘绳肌、臀大肌

要点

· 重点体会手臂与身体的协调摆动

· 注意躯干始终面向前方

1 双脚平行站立，与肩同宽，脚尖朝前，双腿伸直，臀部收紧，挺胸抬头，目视前方，下颌收紧，双臂自然下垂。

全程均匀呼吸

将腿轻轻抬起

2 双手握拳。右侧腿屈髋屈膝向右侧跨出一小步，左侧腿支撑，同时左侧手臂向前摆至胸前，右侧手臂向后伸直。

3 右侧腿落地支撑，同时摆动右侧手臂，左侧腿屈髋屈膝向右侧跟进一小步。再由左侧腿支撑，右侧腿屈髋屈膝抬高至大腿与地面平行，左侧手臂向右侧膝关节靠近，呈左侧手臂前摆、左侧腿支撑姿势。依次协调摆动，向右侧移动三步，回到起始姿势。两侧交替进行，重复以上步骤至规定次数。

深蹲

训练目标

·力量

主要训练部位

·大腿、臀部

目标肌肉

·股四头肌、腘绳肌、臀大肌

要点

·腰背挺直，核心收紧，挺胸抬头

·下蹲时，膝关节不要超过脚尖，脚跟不要离开地面

·下蹲至大腿平行于地面

━1━ 站姿，双脚间距略比肩宽，腰背挺直，核心收紧，挺胸抬头。双臂向前平举，掌心朝下。

下蹲时吸气，起身时呼气

平行

下蹲至大腿平行于地面

━2━ 下蹲，手臂保持不动，膝关节不要超过脚尖，脚跟不要离开地面，下蹲至大腿平行于地面，回到起始姿势。重复以上步骤至规定次数。

半蹲

训练目标

·力量

主要训练部位

·大腿、臀部

目标肌肉

·股四头肌、臀大肌

要点

·全程保持核心收紧，腰背挺直

·膝关节不超过脚尖

全程核心收紧，腰背挺直

—1— 站姿，双脚开立与肩同宽，腰背挺直，双臂自然下垂。

下蹲时吸气，起身时呼气

膝关节不超过脚尖

—2— 屈髋屈膝下蹲，至大腿与地面成45°。在这个过程中，双臂前平举，掌心朝下。注意膝关节与脚尖方向一致，全程保持腰背挺直。股四头肌和臀大肌发力，同时伸髋伸膝，并收回手臂，回到起始姿势。重复以上步骤至规定次数。

提踵步行

训练目标

·力量

主要训练部位

·小腿

目标肌肉

·腓肠肌、胫骨前肌、比目鱼肌

要点

·全程保持核心收紧，腰背挺直

全程均匀呼吸

1 站姿，双脚开立与肩同宽，腰背挺直，核心收紧，双手叉腰。

踮起脚尖向前走 3 步

全程保持核心收紧，腰背挺直

2 双脚跖屈，踮起脚尖，向前走 3 步，然后向后走 3 步回到起始姿势。重复以上步骤至规定次数。

附录

5分钟全身放松计划

在办公室的桌子旁就可以快速、轻松地完成这套全身放松计划。我们在办公间隙抽出5分钟来进行锻炼，可以起到放松全身的作用。

坐姿颈部拉伸
· 时间：30s　· 次数：10次

"4"字臀部拉伸
· 时间：60s　· 次数：10次

招财猫
· 时间：30s　· 次数：10次

扩胸运动
· 时间：30s　· 次数：10次

上背部拉伸
· 时间：30s　· 次数：10次

肱三头肌拉伸
· 时间：30s　· 次数：10次

坐姿腿部后侧拉伸
· 时间：30s　· 次数：10次

坐姿背阔肌拉伸
· 时间：30s　· 次数：10次

脊柱伸展
· 时间：30s　· 次数：10次

5 分钟无压力肩颈计划

长时间办公，颈部会感觉紧绷，肩部感到酸痛、僵硬。这套计划很适合放松肩颈、缓解疲劳，且动作简单，5 分钟就可以做完整套动作。

坐姿肩外旋
·时间: 30s   ·次数: 10 次

斜方肌拉伸
·时间: 30s   ·次数: 10 次

站姿三角肌后束拉伸
·时间: 30s   ·次数: 10 次

肩外展
·时间: 30s   ·次数: 10 次

手指对抗伸展
·时间: 30s   ·次数: 10 次

肩部向前绕环
·时间: 60s   ·次数: 20 次

站姿肩部激活
·时间: 30s   ·次数: 10 次

向上拉伸
·时间: 30s   ·次数: 10 次

侧平举旋臂
·时间: 30s   ·次数: 10 次

5 分钟胸部放松计划

长期伏案工作的姿势会使胸部肌肉缩短、紧张，容易形成圆肩、驼背的体态，因此需要定期对胸部的肌肉进行放松。这套胸部放松计划是非常有效的。

扩胸运动
· 时间：90s · 次数：20 次

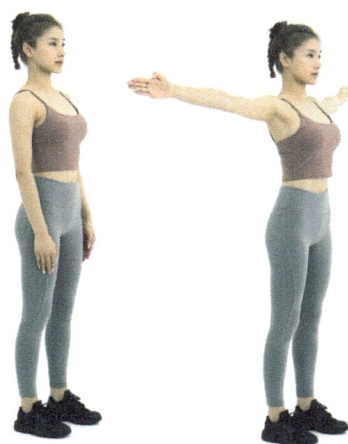

动态胸部伸展
· 时间：90s · 次数：20 次

胸部拉伸
· 时间：90s · 次数：30 次

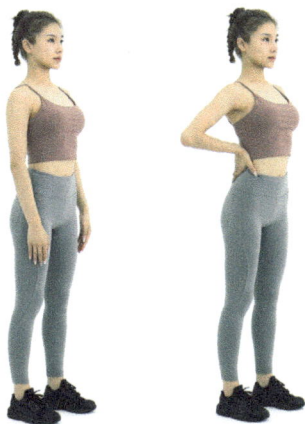

8 分钟改善身体僵紧计划

　　这套改善身体僵紧计划能让身体更轻松、灵活。可以先按照计划做一次练习，如果身体条件允许，可以连续再做几次。坚持一段时间就能发现身体僵紧的问题得到了改善。

提肩
· 时间：30s　· 次数：10 次

肩部向前绕环
· 时间：60s　· 次数：20 次

肱二头肌拉伸 2
· 时间：60s　· 次数：20 次

扩胸运动
· 时间：60s　· 次数：20 次

胸部拉伸
· 时间：30s　· 次数：10 次

坐姿背阔肌拉伸
· 时间：60s　· 次数：10 次

体前屈转体
· 时间：60s　· 次数：20 次

坐姿腿部后侧拉伸
· 时间：60s　· 次数：10 次

站姿大腿前侧拉伸
· 时间：60s　· 次数：10 次

这套健康背部计划可以拉伸躯干和增强上背部分的肌肉力量，也能改善背部的不良姿态。如果背部有慢性疾病，需要咨询医生后再进行练习，避免部分拉伸动作使病情加重。

肩胛骨前伸后缩
· 时间: 60s　· 次数: 20 次

俯身 A 形伸展
· 时间: 60s　· 次数: 10 次

体前屈转体
· 时间: 60s　· 次数: 20 次

坐姿斜方肌按摩
· 时间: 90s　· 次数: 10 次

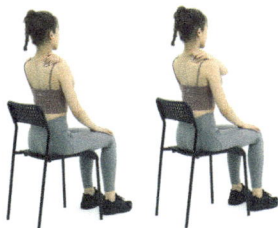

坐姿背阔肌拉伸
· 时间: 60s　· 次数: 20 次

脊柱伸展
· 时间: 60s　· 次数: 10 次

坐姿上背部拉伸
· 时间: 60s　· 次数: 20 次

坐姿划船
· 时间: 90s　· 次数: 10 次

斜方肌拉伸
· 时间: 60s　· 次数: 20 次

10 分钟健康背部计划 2

　　若想要比较彻底放松某个部位，也需要对该部位上、下的相邻部位进行活动、放松，该计划主要针对肩部、胸部和臀部的肌肉进行放松，达到间接放松背部的目的。

肩部向前绕环
- 时间: 60s　· 次数: 20 次

向上拉伸
- 时间: 60s　· 次数: 20 次

肱三头肌拉伸
- 时间: 60s　· 次数: 20 次

胸部拉伸
- 时间: 60s　· 次数: 20 次

扩胸运动
- 时间: 60s　· 次数: 10 次

坐姿背阔肌拉伸
- 时间: 60s　· 次数: 20 次

俯身转体
- 时间: 60s　· 次数: 10 次

坐姿梨状肌拉伸
- 时间: 90s　· 次数: 10 次

站姿大腿前侧拉伸
- 时间: 90s　· 次数: 10 次

10 分钟手臂放松计划

手臂放松计划主要是缓解因日常生活或工作导致的上肢肌肉僵硬。该计划可以有效地放松上肢肌肉，降低手臂肌肉受伤风险。

手腕伸肌拉伸
· 时间：60s　· 次数：20 次

手指对抗伸展
· 时间：60s　· 次数：20 次

交替对掌练习
· 时间：60s　· 次数：20 次

前臂前侧拉伸
· 时间：60s　· 次数：10 次

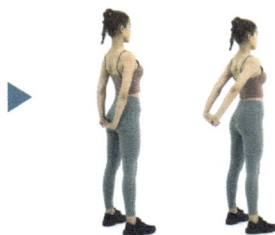

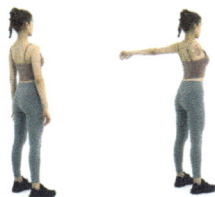

肱三头肌拉伸
· 时间：90s　· 次数：10 次

肱二头肌拉伸 1
· 时间：60s　· 次数：10 次

扶椅手臂下压
· 时间：90s　· 次数：10 次

肱三头肌侧向拉伸
· 时间：60s　· 次数：10 次

肱二头肌拉伸 2
· 时间：60s　· 次数：10 次

128

10 分钟腿部放松计划

这套腿部放松计划能舒展腰部和髋部以下的肌肉。如果在工作或者生活中需要经常使用下肢，或下肢肌肉有紧绷感，那么就可以练习这套计划放松下肢肌肉。

坐姿腿部后侧拉伸
· 时间：60s　· 次数：10 次

坐姿抬脚尖
· 时间：60s　· 次数：10 次

坐姿髋内收肌拉伸
· 时间：60s　· 次数：10 次

坐姿体前屈
· 时间：60s　· 次数：10 次

股四头肌拉伸
· 时间：90s　· 次数：10 次

坐姿小腿拉伸
· 时间：90s　· 次数：10 次

站姿大腿前侧拉伸
· 时间：60s　· 次数：10 次

站姿屈髋肌拉伸
· 时间：60s　· 次数：10 次

站姿触摸脚趾
· 时间：60s　· 次数：10 次

10 分钟臀部塑形计划

　　臀部肌肉是日常生活中很少被锻炼到的肌肉，因此其肌张力容易下降，肌肉容易变得松弛，外形也容易变得扁平。这套塑形计划可以很好地解决以上问题。为了获得线条优美、肌肉紧实的臀部，完成下列动作至关重要。

臀部动态拉伸
· 时间：60s　· 次数：20 次

屈髋提膝外摆
· 时间：60s　· 次数：20 次

弓步提膝
· 时间：60s　· 次数：20 次

站姿侧抬腿
· 时间：60s　· 次数：10 次

交替前弓步
· 时间：60s　· 次数：10 次

对角线交替后弓步
· 时间：60s　· 次数：10 次

宽距半蹲
· 时间：90s　· 次数：10 次

宽距深蹲
· 时间：60s　· 次数：10 次

"4"字臀部拉伸
· 时间：60s　· 次数：10 次

作者简介

    冯强，国家体育总局体育科学研究所国民体质与科学健身研究中心副主任，研究领域：青少年健康促进、国民体质理论与研究方法、运动康复。